아내에게

가장 위대한 자연의 선물

김유수 지음

도서출판
자연과 사람

책 머리에

요즘 우리는 자연환경, 자연보호, 자연주의, 자연인 등 자연이란 말을 자주 사용하고 있다. 우리에게 있어 자연이란 어떤 의미일까? 주위의 산과 들, 바다와 계곡들, 그리고 더불어 살고 있는 수많은 식물, 동물 등 모든 생명체들을 다 합쳐 이르는 말이 아닐까? 인간들은 발전하는 과학의 힘을 빌려 지속적으로 인공물을 만들어내고 그것들에 의지하여 살다보니 자연은 본래의 모습을 잃고 훼손되어간다. 훼손된 자연은 기상이변 등 여러 가지 재해를 일으키며 부메랑이 되어 사람들의 삶을 위협하고 있다. 자연환경이나 자연보호 등의 자연은 사람의 간섭이 없는, '있는 그대로'를 의미하는 것 같다.

자연(自然)은 좁게는 인간과 인공물을 제외한 지구 전체를 이르는 말이겠지만 넓게 보면 지구와 달, 그리고 행성을 포함한 태양계, 더 크게는 은하계 내지 우주 전체를 뜻하는 말일 것이다. 자연은 말 그 자체가 의미하는 것처럼 인간이 자연을 인식하고 그렇게 부르기 전부터 이미 스스로 그렇게 있어왔다. 과학자들에 의하면 우주는 약 137억 년 전에 대폭발이 일어나 형성되기 시작했으며 지금도 팽창하고 있다고 한다. 지구도 약 43억 년 전에 처음 생겨났으며 오랜 세월에 걸쳐 변화를 거듭하여 현재의 모습으로 정착된 게 약 1,000만 년 전이라고 한다. 그리고 지구의 탄생과 거의 맞먹는 기간인 약 39억 년 전에 이 지구에 최초로 탄생한 생명체가 그린란드에서 화석 형태로 발견된 단세포 박테리아라고 하니, 그렇게 작은 생명체의 흔적을 발견한 인간은 정말 위대하다고 할 수 있다. 지구상에 탄생한 이후 최초의 생명체는 오랜 세월 동안 진화에 진화를 거듭하고 분화에 분화를 거듭해서 오늘날 우리가 보는 수백, 수천만 종의 동물과 식물로 자라나고 있다.

인간 또한 약 3만 년 전에 태어난 인류의 직접 조상인 호모 사피엔스로부터 현재의 모습으로 진화하였다고 한다. 현재까지 밝혀진 바에 의하면 인간은 이 지구에서뿐만 아니라 우주에서 유일하게 이성을 가진 동물이다. 인간은 자연 속에서 다른 생명체들과 어울려 살면서 자신만의 독특한 문화를 만들어냈다. 자연을 이용해서 의, 식, 주를 해결하고, 다양한 자연 현상들을 설명하기 위해 신화를 창조하고 이야기를 만들었으며 음악, 미술, 시 등 예술적 표현으로 기록을 했다. 인간은 인간의 이익을 위해서라면 서슴지 않고 자연을 오염시키고 파손시키기를 마다하지 않았다. 나아가서는 핵융합 기술까지 보유하게 됨으로써 드디어는 우리 인류의 손으로 이 지구를 완전히 파괴할 수 있는 능력까지 보유하게 되었다.

자연에 대한 인간의 교만, 인간의 능력은 어디까지일까? 사랑하는 가족과 함께 인간은 집단을 이루고 공동체생활을 하면서 이웃과 협력하기도 하지만 자신의 욕망을 채우기 위해 비이성적인 행동을 서슴지 않고 행하기도 한다. 사람과 자연, 사람과 사람 사이에 나타나는 인간의 본성은 도대체 무엇일까?

　한편 인간은 자신이 죽는다는 것을 아는 유일한 동물이라고 한다. 죽음에 대한 두려움을 극복하기 위해 내세를 생각하고 신, 즉 초월적 존재를 숭배하는 종교의식도 가지게 되었다. 죽음과 종교와 신은 어떤 관계가 있을까?

　겨우 3만 년 전에 생겨 진화해 온 인간들이, 137억 년 전부터 형성되어온 우주와 43억 년 전에 탄생한 지구 및 지구상에 39억 년 전에 태어나 진화해온 생명체들을 포함한 거대한 자연과 인간을 분리해서 보고, 인간이 자연을 지배하려는 입장에서 자연보호를 외치기보다는 자연의 일부로서 자연과 더불어 살아가는 자세가 필요하지 않을까?

　이 책에서 나는 경험을 토대로 〈자연〉과 〈생명〉과 〈인간〉과 〈신〉에 대한 이야기를 하고자 한다. 우리는 각자 자연과 생명과 인간과 신에 대한 자기 자신의 경험과 생각을 가지고 있다. 여기에 나의 경험과 생각을 얘기함으로써 다른 사람들과 교감을 가지려고 한다. 그렇게 함으로써 우리는 자연, 생명, 인간, 신 등에 대해서 관심을 갖고 우리의 삶을 좀 더 보람있게 만들 수 있지 않을까? 또한 요즘 부쩍 관심이 많아진 자연과 생명에 대한 이해를 더욱 깊게 하고 다른 사람들을 이해함으로써 더불어 사는 인간의 삶의 질도 높이고 사후의 영적인 삶과 신에 대해서도 생각해보는 기회가 되었으면 한다.

차 례

가장 위대한 자연의 선물

눈꽃송이 • 13
눈밭에 새긴 인생 • 17
빗속의 고독 • 20
비닐우산 속의 철학자 • 24
태풍 효과(1) • 27
태풍 효과(2) • 34
동짓날 기나 긴 밤은 얼마나 길까? • 38
연말연시의 연례 행사 • 43
가장 위대한 자연의 선물 • 48
갑자 을축 병인 정묘 • 52

밤하늘의 은하수

밤하늘의 은하수 • 59
지구는 살아있다! • 65
공과 같이 둥근 달 • 70
두 발로 가는 자전거 • 74
뒤에서 그냥 세게 밀어라 • 78
위로 던진 공의 궤적 • 82
'고들개' 와 '아이 캔 두' • 86
소나무 합창단 • 91
저금통은 내 용돈통 • 97
내 차량 번호는 8053 • 101

하루살이의 멋진 하루

파리와 모기와 벌 • 107
개미들의 행진 • 112
〈워낭 소리〉 • 116
생명의 탄생 • 122
Just Leave It! • 127
호박잎과 재크나이프 • 133
하루살이의 멋진 하루 • 137

사람과 사람 사이

아버지와 빗자루 • 145
아버지와 막걸리 • 150
아버지와 에스컬레이터 • 154
'정말, 순, 진짜' 초보 운전 • 158
'코끼리 밥통 사건'의 재해석 • 163
야바위꾼과 나의 공통점 • 168
사람과 사람 사이 • 177
"넥스트!" • 183
'햇불'과 '변강쇠' • 189
빗맞은 골프 공 • 194
담배 꽁초의 공포 • 200
차량도 성격이 있다 • 205
한 수 앞을 내다보다 • 211
원효대사와 해골 바가지 • 216
구걸 영업 전략 • 221
구우일모(九牛一毛)의 다른 의미 • 225

죽음과 종교와 신

〈잊혀진 질문〉 • 231
죽음의 경험 • 236
그들만의 리그 • 241
사주팔자(四柱八字) • 247
기도발 • 252
믿으려면 옳게 믿어라? • 257
제사 이야기 • 263
종교와 과학의 통합 • 268

가장 위대한 자연의 선물

눈꽃송이
눈밭에 새긴 인생
빗속의 고독
비닐우산 속의 철학자
태풍 효과(1)
태풍 효과(2)
동짓날 기나긴 밤은 얼마나 길까?
연말연시의 연례 행사
가장 위대한 자연의 선물
갑자 을축 병인 정묘

해가 뜨고 지는 것과 함께 우리가 가장 먼저 느끼는 자연현상이 바로 기상현상이다. 날씨가 맑거나 흐리고, 비가 오거나 눈이 내리고, 가끔 우박도 쏟아지고, 강한 바람이 불거나 태풍이 몰아치기도 한다.

겨울에는 날씨가 추워 바짝 웅크리고 다니지만 여름이면 언제 그랬느냐는 듯이 펄펄 끓는 듯한 더위에 어쩔 줄을 모른다. 봄이면 파릇파릇 돋아나는 새싹들에서 생명의 신비를 느끼지만 가을에는 떨어지는 낙엽을 보고 우수에 젖어들곤 한다. 주룩주룩 쏟아지는 빗줄기를 맞으며 고독을 맛보기도 하고 또한 어줍잖은 철학자가 되어보기도 한다. 하얗게 내리는 눈은 얼마나 고운지. 곱게 쌓인 눈 위에 발자국 내기가 미안할 정도다.

우리가 눈으로 볼 때 태양과 달과 밤하늘의 별들은 모두 지구를 중심으로 둥글게 돌고 있다. 모두 동쪽에서 떠서 서쪽으로 진다. 하루라는 시간이 지나가는 것이다. 그러나 사실은 지구가 태양을 돌고 있다. 지구가 태양 주위를 한 바퀴 도는 사이에 365일이 지나가고 달이 열 두 번 이지러졌다가 다시 차기를 반복한다. 지속적인 관찰과 기록으로 인류는 시간이라는 자연의 가장 위대한 선물을 발견했다.

한편 음력에서는 한 해를 표현할 때 양력처럼 1980년, 1990년 등 숫자로 나타내지 않고 갑자년, 을축년, 병인년, 정묘년 등처럼 60간지로 나타낸다. 또 한 사람이 태어난 년월일시(年月日時)를 60간지를 써서 나타내고 이를 사주팔자(四柱八字)라 해서 그 사람의 운명을 점치기도 한다.

다음 이야기들은 기상 현상 및 달력과 관련된 나의 경험과 궁금했던 시간의 흐름에 관한 내용들이다.

눈꽃송이

온 세상을 새하얗게 뒤덮고 있는 눈은
밟고 다니기가 미안할 정도로
우리의 마음을 정화시키기도 한다

양평으로 이사한 지 사흘째 되는 날, 올겨울 들어 처음으로 큰 눈이 내렸다. 큰 눈이래야 적설량이 약 25센티미터 정도로, 얼마 전 강원도 지방에 내린 1.5미터 가량의 눈에 비하면 약과지만 오후부터 간간이 내리던 눈이 초저녁 즈음에는 제법 송이가 커지더니 드디어는 먼 산이 컴컴해지면서 본격적으로 내리기 시작했다. 소리도 없이 나뭇가지에, 거실 바깥 데크에, 아랫집 지붕에, 그리고 집앞 도로에 차곡차곡 쌓여갔다.

'아, 정말 멋지다!'

거실에서 바깥을 내다보던 나는 나도 모르게 탄성을 질렀다. 여름에는 잎들이 무성하던 나무들의 발가벗은 빈 가지 위에 눈이 쌓여 눈꽃을 피워내고 있다. 주위 모든 빈 가지의 나무들에서 눈꽃이 피어나니 이 아름다운 모습에 어찌 감탄사가 나오지 않을까? 거실 밖 데크에도 20센티미터 이상 눈이 쌓였다. 나가서 밟아볼까 하다가 순백으로 깨끗한 눈밭을 내 발자국으로 더럽히기가 너무나 미안하여 그만 두었다. 차들이 다니는 찻길을 제외하고는 모두가 새하얀 눈밭이다. 내일 특별한 일이 없으니 밖에 안나가면 되지. 우리만 사용하는 약 100미터 가량의 집앞 찻길의 눈을 어떻게 치우지? 눈을 치워야 차를 운행할 수 있는데 한없이 깨끗하고 순결한 눈에 함부로 빗자루를 갖다대기도 미안하다. 어릴 때 즐거운 마음에 눈을 마구 짓밟고 나서 뒤돌아보고는 후회했던 기억이 떠올랐다.

초등학교 1학년 겨울 어느 날, 새벽미사에 가려고 형과 함께 방을 나섰다. 방문을 열자 웬걸! 온 세상이 하얗게 변해 있었다. 밤새 눈이 내렸던 것이다. 그것도 적은 양이 아니어서 마당에 발을 내디디니 발이 눈 속으로 푹 빠지는 게 족히 30센티미터는 되는 것 같았다. 형과 내가 제일 먼저 일어났으니 우리 집에서는 나와 형이 눈을 밟아 본 첫 번째 사람이다. 흰 눈이 아니었으면 아직도 깜깜했을 시간이지만 눈 때문에 모든 것이 훤히 밝았다. 나는 무어가 그리 좋은지 가락도 없는 콧노래를 흥얼대며 양손을 옆으로 뻗어 비행기가 나는 흉내를 내면서 마당의 눈을 차며 뛰어 다녔다. 형도 웃으며 마당의 눈을 차고 다녔다. 삽짝문을 열고 밖으로 나왔다. 온통 동네가 흰 눈으로 덮여 다니던 길도 잘 구분이 되질 않았다. 자세히 살펴보니 논 사이로 난 길과 논둑이 구별되어 보이는데 눈이 움푹 들어가 긴 고랑을 만드는 곳이 논과 길 사이고랑이고 그 왼쪽에 조금 높으면서 좁고 길게 이어진 곳은 논둑. 그리고 오른쪽 약간 폭 넓고 높게 길게 이어진 곳이 길이었다. 나는 새벽하늘을 향해 길게 소리치며 그 길을 막 내달으려 했다. 그때 형이 나를 불러 세웠다. 내가 멈춰서 돌아보니 형은 담벼락을 향해 바지춤을 끌러 내리고 있는 모습이, 담을 향해 오줌을 누는 자세였다. 그 모습을 지켜보던 내가 답답해서 다시 물었다. "왜애?" 형은 대답도 없이 허리춤을 여미더니, 나를 밀치고 앞으로 달려나가려 하였다. "앗, 안돼!" 나는 형을 밀치고 눈길을 박차며 앞으로 달려나갔다. 형이 나를 제지한 것은 나보다 먼저 깨끗한 눈밭을 달려나가기 위함이었다.

아무도 밟지 않은 깨끗한 눈밭을 내가 제일 먼저 밟았다. 나는 발목까지 올라오는 눈을 박차고 노래를 부르며 방천길로 뛰어 올라갔다. 내 뒤를 따라 형도 눈을 차며 올라왔다. 땀은 나지 않았지만 어느덧 몸에는 열이 올라 옷 속으로 온기를 느꼈다. 그 길에는 이미 다른 사람들이 다닌 자국이 많이 나 있었다. 사람들의 발자국과 자전거 바퀴 자국 등. 그러나 그 길에는 더 이상 우리 집 앞길과 논에 쌓여있는 것과 같은 깨끗한 흰 눈의 신비로움은 없었다.

정신을 차려 나는 내가 달려왔던 길을 되돌아보았다. 나는 갑자기 앞가슴 명치가 송곳으로 찌르는 것처럼 "찌르르"해지는 것을 느꼈다. 깨끗한 도화지 위에 동생이 크레용으로 마구 동그라미를 그려 놓았을 때 동생을 주먹으로 쥐어박았는데! 저 넓은 깨끗한 눈밭을 온통 짓밟고 더럽혀 놓은 게 누구 짓이지? 나는 마치 무슨 큰 죄를 지은 것처럼 눈한테 미안했다. 하지 말았어야 할 행동을 한 것 같았다.

무언가 께름칙한 기분으로 방천길을 지나 큰 길로 나오니 거기에는 더 많은 사람들의 발자국과 자전거 바퀴 자국으로 눈길이 다져져 있었다. 길 가장자리에는 아까 내가 했던 것처럼 누군가가 눈에다 발길질을 한 자국도 남아있었다.

'저건 또 누구 짓인가? 나랑 똑같네?' 방문을 열고 나와 눈을 처음 봤을 때의 즐거움은 사라지고 눈한테 미안한 생각만 머리 속에 있었다.

새벽미사를 마치고 나오니 길에는 사람은 물론이고 자전거와 차도 많이 다니고 있었다. 눈은 더 이상 처음 봤을 때의 그 신비로운 깨끗함을 잃고 있었다. 돌아오는 길은 즐겁지가 않았다. 큰길가에는 아직 사람들이 밟지 않은 깨끗한 눈들이 있있지민 디 이상 눈밭음 짓밟고 싶지 않았다. 본래 이 큰 길에 내린 눈도 우리 집 앞 논과 길에 내린 눈처럼 신비롭고 깨끗한 눈이었을 텐데 사람들이 다 망쳐놨다.

집 앞 방천에서 내려다보니 동네 사람들은 여태 큰길가로 나오지 않았는지 거긴 아직은 모든 게 깨끗하였다. 오직 한 줄기 시꺼먼 크레용이 우리 집과 큰 길가를 이으면서 흰 눈밭을 망쳐 놓은 게 보였다.

눈밭에 새긴 인생

밤사이 내린 넓은 운동장의 새하얀 눈밭!
그 위에 우리의 아름다운 인생 이야기를 쓰고
또 되돌아보게 된다

소설 〈빙점〉으로 노벨문학상을 받은 일본 작가 미우라 아야코가 쓴 수필집에 〈살며 생각하며〉라는 책이 있다. 자신의 주변 이야기를 솔직하게 써 내려간 내용이 너무 인간적이어서 작가 자신에 대해서는 물론이고, 인생에 대하여도 생각하게 해 주는 점이 많았다. 그 내용이 좋아 두서너 번 더 읽기도 했는데, 그 이후 서점에는 비슷한 제목의 책들이 서가를 장식하기도 했다. 〈살아가며 용서하며〉, 〈ㅇㅇ하며 ㅇㅇ하며〉, 〈ㅁㅁ하며 △△하며〉 등등.

그 책을 읽은 것이 대학 3~4학년 무렵이었으니까 지금으로부터 30년도 더 된 일인데 아직도 그 책의 내용 중, 눈에 대한 이야기 한 편을 기억하고 있다. 동방생명 재직 시절, 매일 아침 방송 조회 후 각 과별로 전 직원이 둥글게 모여 순번대로 돌아가며 5분 스피치를 하는 제도가 있었다. 그때 그 눈 얘기를 직원들에게 해 준 기억이 있다. 아야코 자신의 이야기인지, 아니면 아야코가 전해 들은 얘기를 옮긴 건지는 확실히 기억나지 않지만 그 내용은 대강 이러했다.

일본의 어느 소학교의 교직원들에게도 매일 아침 수업 시작 전에 5분 스피치 시간이 있었던 모양이다. 어느 날 아침! 간밤에 많은 눈이 내려서 학교 운동장엔 발목까지 빠질 정도로 많은 눈이 쌓였다. 그날 조회 당번은 젊은 여선생이었다.

여러 선생님들도 다 보셨겠지만 지난 밤에는 많은 눈이 내렸습니다. 저는 눈을 보면 참 기분이 상쾌하고 즐거워지는데 아마 선생님들도 저와 같은 생각일 겁니다. 눈은 흰색 그대로 참 순결하고 맑아서 눈을 볼 때마다 제 마음도 깨끗해지고 맑아지는 것 같거든요. 평소대로 오늘도 일찍 집을 나서니, 쌓인 눈에 발목까지 빠지는데, 아직 아무도 밟지 않은 눈이 너무도 신비스러웠습니다.

학교 교문 앞에 다다르니, 오늘도 역시 제가 제일 먼저 온 터라, 드넓은 운동장은 온통 새하얀 눈으로 덮여 있는데 발자국이나 어느 흠집 하나 없이 순결하고 깨끗했습니다. 운동장뿐만 아니라 교실 지붕에도, 나뭇가지에도, 온통 하얀 눈이 쌓여서 자신의 순결로 우리 학교를 보호하려는 것 같았지요. 이제 저는 저 순결하고 깨끗한 눈밭을 제가 맨 처음으로 밟고 교무실까지 가야 합니다. 저는 교문 앞에 잠시 멈춰서서 생각했지요. 아이들을 가르치면서 여태까지 제가 살아온 과정 중에 잘못한 것이 있다면, 저 순결하고 깨끗한 눈이 저의 허물을 깨끗이 씻어 주기를, 그래서 앞으로는 더욱 더 교사로서 본분을 잊지 않고 아이들을 진심으로 사랑하며 훌륭한 인재가 되도록 가르치는데 최선을 다하도록 도와 주기를!

그래서 저는 교문에서 교무실 현관까지 비뚤어지지 않고 똑바로 걸어가기로 결심했습니다. 한 백 미터쯤 되나요? 교문에서 현관까지 저는 정말로 똑바로 걸어가기 위해 온 정신을 집중하고 걸었습니다. 한 걸음 한 걸음마다 우리 반 아이들 얼굴을 하나씩 떠올리면서, 눈으로 그 아이들을 하나씩 씻기면서 걸었지요. 드디어 현관에 도착해서, 과연 제가 똑바로 걸었는지 제 뒤를 돌아다보았습니다. 그랬더니, 아!

제가 그렇게 정신을 집중하고 똑바로 걸었다고 했는데도, 현관에서 뒤돌아본 눈 위의 제 발자국들은 이리 삐뚤 저리 삐뚤, 전혀 똑바르지 않았습니다. 그걸 보고 저는 이런 생각이 들었습니다. 우리의 인생길도 이와 같지 않을까! 우리가 아무리 이 세상을 올바르게 살아가려 해도 우리의 마음가짐이 저 눈 위의 발자국처럼 삐뚤어지지나 않을까!

그래서 저는 오늘도, 눈 위에 찍혔던 제 삐뚤어진 발자국들을 되돌아보며, 우리 아이들을 사랑하고 가르치는 데 더욱 더 최선을 다하리라! 하고 다짐해 봅니다.

빗속의 고독

주룩주룩 내리는 비를
우산도 없이 맞으면서
때로는 고독을 느끼기도 한다

사람들은 눈보다는 비를 덜 반긴다. 아니, 보통은 비를 싫어한다. 특히 급작스럽게 내리는 비에 우산을 준비 못했을 때는 더 그렇다. 가끔 예보가 틀리기도 하지만 요즘은 일기예보를 듣고 미리 우산을 준비하거나 필요하면 언제 어디서나 쉽게 우산을 살 수도 있다.

초등학교 무렵에는 요즘보다 비가 자주 오면서 주룩주룩 많은 양이 내린 것 같다. 그래서 학교 간 아이가 집에 올 때쯤이면 엄마나 언니나 동생들이 우산을 가지고 형, 오빠, 누나, 동생들을 마중오는 모습을 흔하게 볼 수 있었다.

초등학교 2학년 때인 것 같다. 그날도 아침에는 비가 오지 않아 다들 우산도 없이 등교했다. 그러나 잠시 후부터 비가 주룩주룩 내리더니 4교시가 끝나고 집에 갈 때가 되어도 내리는 비는 그치질 않고 계속 이어졌다. 더 세진 것도 아니고 더 약해진 것도 아니고. 운동장은 빗물이 도랑을 이루어 흐를 정도로 질퍽하게 흠뻑 젖었다.

어느덧 교실 밖은 우산을 들고 아이들을 마중 나온 사람들로 북적거렸다. 누구 엄마도 있고, 누구 동생도 있고. 개중에는 아직 입학하지 않은 아이가 수업하고 있는 교실 안으로 기웃 들여다보고 웃으며, "형아!" 하고 부르기도 했고 동생을 발견한 형 역시 웃으며 손을 흔들기도 했다. 우리 반 아이들 60여 명 중에 열 대여섯 명은 우산을 들고 마중 온 엄마나 동생들이 있었다. 누구는 비 올 때 신는 장화까지 준비해 가지고 왔다. 우리 집에는 엄마와 누나가 있었지만 나를 위해 우산 들고 마중 올 정도로 한가하지는 않았다. 동생은 우산 심부름 하기에는 아직 어린 나이였다. 나는 그야말로 '혹시나?' 하고 교실 밖을 살펴보았으나 엄마나 누나 모습은 보이지 않았다. 너무나 당연(?)한 일인데도 가슴 한가운데가 '서늘' 해지는 것은 무슨 까닭인지.

이윽고 종례가 끝나자 우산 마중을 받은 친구들은 웃으며 우산과 장화를 챙겨 마중 왔던 엄마, 동생과 같이 학교를 나섰다. 그 친구들은 물론 부자 동네에 사는 애들이었다. 경화, 용기, 영수 등 물 건너 산간 마을에 사는 아이들도 나처럼 우산 마중을 온 식구들이 없었다. 그 애들도 그걸 너무도 잘 아는 터라 마치 당연하다는 듯이 "야야, 모여 봐! 우리 같이 뛰어 가자!" 하고는 같이 갈 동네 친구들끼리 뭉쳐서 바짓자락을 걷어붙이고 책보를 어깻죽지에 동여매고 씩씩하고도 용감하게 빗속을 뚫고 달려나갔다. 한 친구는 아예 고무신까지 벗어 양손에 쥐고 "야아~~~!" 하고 소리치며 뛰어간다. 마치 빗줄기를 즐기기라도 하는 것처럼 우산에 의지하지 않고 당당하게 자연과 맞서는 것이었다.

나는 아직도 명치 끝이 '서늘'한 느낌을 가진 채 마치 비가 안 오기라도 하는 것처럼 평소대로 교실을 나섰다. 오른쪽 옆구리에 책보를 끼고 모자를 푹 눌러 쓴 채 평소 걸음으로 걸었다. 비는 계속 주룩주룩 내리고 있었고 모자 창에서는 빗물이 맺혀 방울방울 떨어지기 시작했다. 그래도 나는 비를 피해 달리거나 하지 않고 비를 맞으며 뚜벅뚜벅 걸었다. 물이 고인 큰 물구덩이는 피하기도 했지만 작은 물구덩이는 그대로 철벅철벅 밟기도 하면서 걸었다. 오른쪽 겨드랑이에 낀 책보 속의 책이 젖을까 걱정하면서.

어느덧 비가 친숙해지기 시작했다. 비에 옷이 젖는 게 오히려 이상한 쾌감을 주기까지 했다. 모자 창에서 떨어지는 빗방울을 하나하나 세기도 했다. 모자 앞으로 떨어지는 빗줄기마저도 세어보려 했으나 그건 힘들었다.

비는 왜 비일까? 농사에 도움을 주니까 비지. 그러니까 비가 오는 것은 고마운 거지. 아버지는 우산도 안 쓰고 밀짚모자만 쓰고 비를 맞으며 논에 빗물을 대잖아. 비가 안 오면 농사도 못 짓잖아. 그러니까 비는 와야 돼. 비는 좋은 친구야. 맞아도 좋아! 작년엔가 언제는 비가 안 와서 모심기 하기도 힘들었잖아. 아버지가 발동기로 아랫논에서 우리 논으로 물을 퍼 올리기도 했거든. 그러니까 비는 와야 돼. 안 오면 안 돼!

그렇게 비를 맞으며 집에 오기까지 많은 생각을 했다. 모자 끝에서 고무신 끝까지 마치 옷을 입은 채 목욕한 것처럼 옷은 흠뻑 젖었다.

그러는 동안에도 명치의 '서늘' 함은 계속 이어지고 있었다. 남산중학교로 올라가는 길모퉁이 창환네 점방을 돌아서서 방천길에 접어드니 우리 집이 보였다. 집 주위에는 아무도 보이지 않고 집은 평소처럼 그냥 빗속에 있었다. 이윽고 집에 도착해서 방문을 여니 엄마와 누나가 무언가 바느질을 하고 있다가 나를 맞았다.

"비 많이 맞았구나. 옷 갈아 입고 점심 먹어라."

엄마의 한 마디 말에 누나는 말없이 아랫목에 묻어두었던 밥그릇을 꺼내 밥상을 차려주었다. 엄마의 그 말 한 마디에 내 가슴 속 명치의 '서늘' 함은 사라졌다. 나는 말없이 밥을 먹고 다시 마루에 서서 아직도 주룩주룩 내리는 비를 하염없이 바라보았다. 마당엔 빗물이 처마를 따라 도랑을 이루며 밖으로 빠져나가고 있었다.

그날은 내가 태어나서 처음으로 '고독' 이란 걸 맛본 날인 것 같다.

비닐우산 속의 철학자

이럴 경우에는 가끔
마치 유명한 철학자라도 되는 것처럼
연극(?)을 하기도 한다

중학교 3학년 어느 날 아침, 많은 비가 내렸다. '아하, 이를 어째! 집에 우산이 있던가? 나는 마루 밑이며 뒤안길 등 우산이 있을 만한 곳을 살펴보았으나 찢어진 파란 비닐우산 말고는 없었다. 동생들은 벌써 나보다 먼저 학교에 갔는지 보이지 않았다. 맞고 가기에는 좀 많은 양의 비가 내리고 있었다. 나는 찢어진 그 비닐우산을 돌아다보았다. 희한하게도 그 우산은 우산 한가운데 정수리 부분이 동그랗게 찢어져서 파란 비닐이 우산대 아래로 온통 몰려 내려와 있었다. 테두리 살대 끝에는 모두 비닐이 붙어있었지만 그래도 도저히 쓸 수 없어 보였다. 그러니 우산 살대가 그냥 그대로 다 드러나 있지.

나는 그래도 혹시나 하고 그 우산을 집어들고 펼쳐보았다. 그랬더니 파란 비닐이 제 위치를 찾아 올라가서 완전한 우산 형태를 이루고 있었다. 누가 봐도 그 우산은 하나도 찢어지지 않은 완벽한(?) 비닐우산이었다. 그 우산을 쓰고 학교까지 갔다. 우산 꼭지가 찢어졌음에도 불구하고 다행히도 한 방울의 빗방울도 새지 않았다.

6교시를 마치고 하교할 때쯤에는 비가 완전히 그쳤을 뿐만 아니라 구름도 걷히면서 해가 쨍쨍 비치기 시작했다. 그런데 이걸 어떡하나? 우산을 버리고 갈 수도 없고 그렇다고 그냥 가져가자니 꼭지가 다 떨어진 우산이라 접으면 그냥 살대만 보이는데 이걸 창피하게 어떻게 가져가? 더구나 학교에서 우리 집까지 가려면, 반대편에서 하교하는 수많은 여학생들과 부닥치면서 가야 하는데…….

생각 끝에 나는 우산을 펼쳐들었다. 펼치면 찢어진 표시가 나지 않고 완벽한 우산이니까 그게 나을 것 같았다. 나는 햇빛이 쨍쨍 내리쬐는 맑은 날, 비닐우산을 펼쳐쓰고 학교를 나섰다. 당연히 친구들이 보고 웃을 수 밖에. 나는 그들을 향해 빙긋 웃고는 뭔가를 골똘히 생각하는 것처럼 길바닥을 응시하면서, 우산을 어깨에 얹고 빙글빙글 돌리면서, 마치 혼자서 장난하듯이 발부리에 걸리는 돌도 차면서 그렇게 걸었다. 큰 길가로 나오자 같이 가는 친구들, 지나가는 사람들 모두 나를 쳐다보고 웃었다. 저게 미쳤나 하는 듯한 느낌이었다. 그러려면 그러라지. 나는 여전히 심각한 표정으로 어깨에 맨 우산을 빙글빙글 돌리면서 무언가를 골똘히 생각하는 듯, 장난하듯 그렇게 걸었다. 거 왜 유명한 철학 교수들은 가끔 이상한 행동을 한다며?

그렇게 친구들과 어울려 걸으면서도 혼자 생각하는 척 걷고 있는데 미술 선생님이 자전거를 타고 지나가시다가 웃으시며 한 마디 하셨다.

"유수 쟤는, 비도 안 오는데 또 비 오라고 날구지 하냐? 허허······."

우산과 가방을 든 나는 선생님께 거수경례를 할 수 없어 그냥 꾸뻑 인사하며 나도 웃었다. 그렇게 집에까지 왔다. 우산을 제자리에 놓으니 그 놈은 다시 다 찢어진 우산이 되었다.

> 이슬비 내리는 이른 아침에
> 우산 셋이 나란히 걸어갑니다
> 파랑우산 빨강우산 찢어진 우산
> 좁다란 학교 길에 우산 세 개가
> 이마를 마주 대고 걸어갑니다
>
> 동요 〈찢어진 우산〉

태풍 효과(1)

태풍을 만나 피해를 입었다면
어떤 피해 상황이 떠오를까?
이런 태풍 피해도 있었다

나비 효과란 용어가 있다. 나비의 단순한 날갯짓이 날씨를 변화시킨다는 이론으로 미국의 기상학자 에드워드 로렌츠가 처음으로 발표한 이론이다. 중국에서 나비 한 마리가 날갯짓을 하면 그 영향으로 미국에서는 태풍이 몰아친다는 예를 들기도 한다. 일반적으로는 작고 사소한 사건 하나가 나중에 커다란 영향을 미친다는 의미로 쓰인다. 그럼 '태풍 효과'라고 용어를 만들어낸다면 말이 될까? 다음 이야기는 태풍이라는 커다란 사건 때문에 입은, 나에게는 커다란 효과 이야기이다.

태풍, 허리케인, 싸이클론, 윌리윌리……. 세계 각 지역별로 우리가 부르는 태풍의 다른 이름들이다. 태풍은 필리핀 동남부의 북서태평양 지역에서 발생해서 타이완, 중국, 우리나라, 일본 등을 통과하는 열대성 저기압의 이름이고, 허리케인은 멕시코만에서 주로 발생해서 미국에 영향을 주고, 싸이클론은 인도양에서, 윌리윌리는 호주 지역에서 발생한다고 들었다. 태풍은 우리에게 직접 영향을 미치는 놈이니 물론 잘 알고 있고 미국 영화 제목이기도 한 허리케인도 가끔 뉴스를 접해서 알고 있지만 싸이클론이나 윌리윌리는 조금 생소한 이름이다. 어쨌든 강력한 태풍이나 허리케인이 우리에게 얼마나 큰 피해를 주는지 우리는 잘 알고 있다.

2002년도에 나는 근무지가 부산이어서 아내와 떨어져 주말부부 생활을 하고 있었다. 그때는 격주로 주 5일 근무를 하던 때여서 휴무 주말은 내가 수원 집으로 올라오고, 정상 근무 주말에는 아내가 부산으로 내려와 같이 부산 경남 지방을 놀러 다니기도 했다.

그 해 8월 어느 휴무 주말. 금요일 저녁에 새마을 열차를 타고 수원 집에 왔다. 일주일만에 만나는 아내와 소주와 맥주를 나눠 마시며 가족적인 분위기, 사람 사는 것 같은 집안 분위기를 마음껏 즐겼다. 주중에 내가 사는 부산의 원룸에 비하면, 영통의 우리 집은 방이 다섯 개나 있는 대형 아파트이니 혼자 사는 아내는 얼마나 외로울까? 밤 늦도록 둘이서 얘기하며 소주와 맥주를 마시며 즐기다가 새벽녘에 잠이 들었다. 얼마나 지났을까? 아침 늦게 눈을 뜨니 밖에는 비가 주룩주룩 내리고 있었다.

'아, 드디어 태풍이 시작된 모양이군.'

그제부터 TV에서는 태풍 루사가 오니 모두들 태풍 피해에 철저히 대비하라고 일기예보 시간에 계속 방송을 내보내고 있는 중이었다. 시간마다 특보로 지속되는 방송 뉴스에 의하면, 이번 태풍은 목포 부근에 상륙해서 강릉 방향으로 빠져나가며 한반도를 관통할 것으로 예상되니 피해가 상당히 클 것이라고 한다. 쏟아지는 빗줄기는 예사롭지 않게 상당히 많이 내리고 있다. 바람은 불지 않고 비만 소나기처럼 내리는데 일시적이 아니라 지속적으로 퍼붓고 있다. 다른 지역에서는 시속 수 십 미터나 되는 강풍에 나무가 뿌리째 뽑히고 대형 간판이 떨어지고 전봇대가 넘어가는 등 각종 피해가 아나운서의 긴박한 목소리로 전파되고 있었지만 수원 지역에는 바람은 안 불고 비만 무섭도록 내리고 있었다. '태풍이 목포에 상륙해서 강릉으로 빠져 나간다면, 수원 지역은 태풍의 진로 방향 왼쪽 반경에 있으니 바람은 없고 비만 내리는 건가? 아무튼 큰 피해가 없어야 할 텐데······. 우리 집이야 뭐 탈이 없겠지.' 우리 아파트는 단지 내에서도 고지대에 있었고 단지도 영통 중심가보다 고지대에 있으니 우리 집이 1층이라 하더라도 침수 걱정은 전혀 없었다.

벌써 12시가 지나 있었다. 어제 아내랑 맥주를 마시며 얘기하다가 늦게 잠들었으니 일어나는 시간도 늦었다. 나는 비구경, 물구경을 하러 집을 나섰다. 반바지에 슬리퍼를 신고 우산은 제일 큰 걸로 받쳐들었다. 빗물은 집 앞 배수구 위를 그냥 콸콸 흘러 내려갔다. 배수구가 좁아 물이 넘쳐나고 있었다. 나는 발목까지 빠지는 빗물을 발로 훑으며 아파트 중앙 광장으로 갔다. 아파트에서 중앙 광장으로 내려가는 경사로를 따라 온통 빗물이 줄줄 흘러내려간다. 벌써 얼마나 많은 비가 흙을 쓸어갔는지 빗물은 누런 흙탕물이 아니고 맑고 깨끗한 빗물이었다. 중앙 광장에는 배수구를 빠져 나가지 못한 빗물이 모여 정강이까지 오도록 고여 있었다. 배수구를 설계할 때 예상했던 비의 양보다 더 많은 비가 쏟아진 것이다. 그래서 중앙 광장은 마치 어린이용 수영장 같았다. 계속 쏟아지는 엄청난 양의 비를 맞으며 나는 아파트 단지를 한 바퀴 돌았다. 비는 종일 내렸지만 빗물이 배수구를 미처 빠져나가지 못한 걸 빼면 아파트는 전혀 비의 피해가 없었다.

비가 올 땐 부침에다 막걸리가 제격이니, 저녁에는 밥 대신에 아내가 만든 김치부침에다 막걸리를 한 통 마셨다. 내리는 양이 좀 줄긴 했지만 비는 아직도 내리고 있었다. TV에서는 태풍 피해를 전하느라 계속 특별 생방송이 진행 중이다. 경남 어느 지방에는 몇 가구가 침수되었고, 또 어디에서 산사태가 났고, 또 어디에서는 전체 마을이 침수되어 온통 바다 같은데 길 따라 심어져 있는 가로수 꼭대기의 나뭇가지만이 나란히 줄지어 서 있는 게 보인다. 그래서 저게 길이 있던 데로구나 하고 짐작할 뿐이다. "온통 난리인데, 우리는 이렇게 막걸리나 마시면 되나?" 태풍 피해를 입고 정신 없어하는 사람들에게 미안한 맘이 든다. 그러나 지금 내가 어떻게 할 도리가 없지. 그 날 토요일 밤은 그렇게 보냈다.

일요일 아침! 이제 비가 그쳤다. 태풍이 동해 바다로 빠져나가며 세력이 약한 열대성 저기압으로 바뀌었다. 아내와 아침을 먹고 부산 내려 갈 준비를 하고 있는데, 태풍 피해를 전하는 뉴스 중에, 김천 근처에서 낙동강을 가로 지르는 경부선의 하행선 철교가 태풍에 무너져서 통행이 불가하다고 한다.

그저께 수원 올라오면서 부산행 새마을 열차를 예약해 두었는데, 하행선 철교가 끊겼다면 부산까지 못 간다는 얘기가 아닌가? 방법은 기차를 포기하고 고속버스로 가는 수밖에 도리가 없었다. 수원 고속터미널에 확인하니 부산행 고속버스 중 오후 시간대는 다 예약이 되었고 저녁 시간대는 여유가 있단다.

'저녁에 출발해서 한밤 중에 내 방 원룸에 들어가면 얼마나 쓸쓸할까? 그렇다면 차라리 야간버스를 타고 자면서 가자. 아침에 동래온천 갔다가 바로 출근하면 되잖아.'

아내에게 동의를 구하니 물론 아내는 찬성이다. 그래서 새마을 기차는 인터넷으로 취소하고 야간 고속버스표를 사러 터미널로 갔다. 수원 시내는 큰 비가 쓸고 간 뒤라 군데군데 물웅덩이가 있기는 해도 다행히 큰 태풍 피해는 없었다. 하늘은 마냥 맑고 깨끗하기만 했다. 오후 2시 새마을 기차표를 취소하고 밤 12시 반 고속버스표로 바꾸었으니 아내와 같이 있는 시간을 열 시간 더 연장했다. 오후 시간에 백화점 등을 돌며 아이쇼핑 등으로 시간을 보내고 다시 저녁을 같이 했다.

"여보, 우리 막걸리 한 잔 더 하자."

"터미널까지 자기 데려다 줘야 하는데 취하면 어떡해."

"한 통 정도는 괜찮을 거야. 차 시간이 12시 반이니 한 잠 자고 가면 되잖아."

나는 올 봄에 통도사에 갔던 기억을 떠올렸다. 그때 분명히 막걸리

한 통을 마셨지만 잠깐 눈 붙이고 일어나니 취기가 말끔히 가셨고 더구나 오는 길에 음주측정을 했어도 이상이 없었다. 그래서 저녁 반주로 막걸리를 둘이서 나눠 마셨다. 저녁을 먹고나서도 아직 시간이 남아 있으니 둘 다 잠시 눈을 붙였다.

"여보, 열 한 시 반이야. 이제 나가야 돼."

"그래, 갑시다."

미리 준비해 둔 가방을 들고 차에 올랐다. 아내가 운전대를 잡았다. 우리 둘 다 취기는 전혀 없었다. 까짓거 막걸리 한 통에 잠도 두어 시간 잤는 걸. 아파트 단지를 벗어나 큰 길로 진입하기 위한 언덜 도로에 접어들었을 때였다. 모퉁이를 돌자마자 경찰차가 경광등을 번쩍이며 서 있고 그 옆에 경찰 두 명이 빨간 교통 통제봉을 흔들며 우리 차를 세웠다. 음주단속 중이었다. 순간 우리 둘은 몹시 당황했다. 차를 세우면서 아내도 난감한 표정으로 나를 본다. 어떡해야 돼?

"음주단속입니다."

젊은 경찰관이 측정기를 운전석 옆 창너머로 아내에게 대며 말했다. 정말 괜찮을까? 돌아가는 방법은 없나? 안 불 수 있는 방법은? 불면 나올까? 에이, 안 나올 거야. 그 전에도 안 나왔잖아. 그 짧은 순간에 수만 가지 생각이 머리를 스쳤다. 음주측정을 거부할 수는 없다. 요즘 세상에 경찰이 봐 주지도 않을 거다. 그런데 막걸리 한 잔에 잠도 한 숨 자고 취기도 전혀 없잖아. 지난 봄에도 막걸리 한 통 마시고 한 숨 자고 나니 음주측정해도 안 나왔잖아. 그래서 아내에게 불어도 괜찮을 거라 했는데…….

"앗, 사모님! 가글 하셨어요?"

측정을 했던 젊은 경관이 놀라서 아내에게 말했다. 아니, 이게 무슨 소리? 겉보기에는 전혀 취기가 없는 아내에게서 음주단속에 해당되는 수치가 나온 모양이다. 수치가 얼마라고 하는데 수치 기억은 없고 어쨌든 최저 단속선에 해당되는 것 같았다.

"사모님, 내리세요."

"아니, 아저씨. 막걸리 한 잔 마시고 잠도 한 숨 자고 지금 전혀 취하지 않았는데 나온단 말이예요? 전 안 취했어요."

"수치가 이렇게 나왔는데 어떡해요? 한 번 불면 방법이 없어요. 내리셔야 해요."

도리 없이 아내는 운전대를 젊은 경관에게 내주고 햇살이를 데리고 뒷자리로 옮겨 앉았다. 우리 사정을 얘기하자 고속터미널까지 그 젊은 경관이 대신 운전했다. 그 경관이 차에서 여러 가지 얘기를 했다.

"막걸리는 고약해서 술이 깨고 한참 뒤에 측정해도 수치가 나와요. 그것도 사람마다 달라서, 어떤 사람은 안 나오는 사람도 있어요."

고속터미널에 도착해서 나는 부산으로 가고 아내는 경관과 같이 경찰서로 갔다. 이거 무슨 일이 꼬여서 이런 일이 벌어지나! 나는 아내에게 미안해서 견딜 수가 없었다.

"그 놈의 태풍 때문에! 태풍만 없었더라면……!"

태풍 효과(2)

- 그 뒷 이야기 -
인생살이에는 어느 정도의 임기응변과
융통성도 필요하다

"그 놈의 태풍만 없었더라면……!"

그랬다면, 낙동강 철교가 끊기지 않았을 거고, 그러면 그 날 오후 새마을 열차가 정상 운행하였을 것이고, 그러면 내가 그 차를 타고 오후에 부산으로 갔을 터이니! 야간 고속버스로 표를 바꾸는 일도 없었을 것이고, 저녁을 수원에서 먹지도 않았을 것이고, 반주로 막걸리도 안 마셨을 것이고……. 그랬으면 음주단속도 당하지 않았을 거 아닌가?

이렇게 억지로 그 음주단속 책임을 태풍에다가 미뤄본다. 아무리 태풍이 크게 몰아쳤어도, 낙동강 철교가 끊어졌어도, 야간 고속버스로 바꿔 타고 갔어도, 그 직전에 반주로 막걸리만 안 마셨더라면 그런 일은 없었을 것을! 괜히 그 책임을 막걸리 대신 태풍에다 미루는 내 심리를 나도 안다. 이게 '태풍 효과'인가?

어쨌든 그렇게 나는 부산으로, 아내는 경찰서로 각각 헤어졌다. 네 시간 넘게 불 꺼진 고속버스 안에서 눈을 감은 채로 앉아 있었다. 고속버스 엔진 소리가 달리는 내내 내 귓가를 맴돌았다. 도대체 내가 잠을 잔 건가, 안 잔 건가? 비몽사몽 간에 부산에 도착하니 새벽이 밝아왔다. 택시를 타고 동래 온천장으로 가서 사우나로 몸을 풀고는 출근 시간에 맞춰 회사에 들어섰다. 처음으로 심야버스를 타고 와서 출근했는데 하루 종일 몽롱한 상태에서 보냈다. 저녁에 아내에게 전화를 했다.
"여보, 어떻게 됐어?"
"나 6개월 운전면허 정지당했다. 벌금도 70만원이나 내야 돼!"
"뭐, 6개월 씩이나? 벌금도 70만원이나!"
나는 기가 막혔다. 6개월 동안 운전을 못하면 굉장히 불편할 텐데. 당장 70만원이라는 생돈은 얼마나 아까운가? 막걸리 한 통의 대가치고는 너무나 엄청났다. 전혀 술기운도 없었으니 더욱 억울하다.

아내는 나와 헤어진 뒤 우리 차로 경찰서엘 갔다. 물론 운전은 그 경찰관이 하고. 벌써 음주운전자 몇 명이 있더란다. 아내는 햇살이를 안은 채로 순서를 기다리고 있는데 거기 있던 한 여직원이 묻더란다. 사모님은 어떻게 오셨냐고. 그래서 음주단속 걸렸다고 하니 깜짝 놀라더란다. 아니, 전혀 취한 모습이 아닌데 하고. 그도 그럴 것이 다른 취객들과는 달리 취기도 전혀 없고 강아지도 안고 있으니 그 여직원은 아내가 다른 음주운전자 보호자로 따라 왔다고 생각했던 모양이다. 그래서 그 여직원과 대화를 많이 했는데, 그 막걸리란 놈이 참 묘해서 겉으로는 술이 다 깬 것 같아도 혈중 알코올 농도는 아주 오래 간다고 했단다. 그 여직원은 그런 경우를 여러 번 봤단다. 그래서 특히 막걸리를 조심하라는 말까지 하더란다. 결국 아내는 6개월이나 운전면허 정지를 당했다. 나는 할 말이 없었다. 그때 올 봄에, 나는 막걸리 한 통을 마셨어도 한 숨 자고 나니 전혀 취기도 없고 음주측정기를 불어도 전혀 안 나오던데! 내가 아내에게 큰 실수를 했다.

아내는 나에게 그 경관의 얘기를 들려 주었다. 나를 고속터미널에 내려 놓고 같이 경찰서로 가면서 그 젊은 경관이 굉장히 미안해 하더란다. 자신은 오늘 처음 음주단속 나왔는데 첫 번째로 단속한 것이 사모님이라면서 정말 자신이 봐도 전혀 취하지 않은 것 같은데, 일단 측정기를 불고 수치가 그렇게 나온 이상 달리 처리할 방법이 없단다. 만약 측정 전에 가글을 했다거나 아니면 술 안 마셨다 했다면, 정말 안 마신 것처럼 보이니 측정을 안 할 수도 있었는데, 우리 큰 누님 같으신 분인데, 하면서 미안해 어쩔 줄을 모르더란다. 아내는 자기 생각에도 측정 전에 그렇게 한 번 얘기해 보려고 생각했는데 내가 그냥 "불어, 불어!" 해서 그렇게 됐다며 불만을 토로했다. 정말 내가 너무 고지식한가?

하지만 음주측정기 앞에서 측정을 거부할 수는 없고 불긴 불어야 되는데 나는 올 봄 내 경험상으로는 같은 상황에서 수치가 나오지 않았으니 아내도 나와 같이 수치가 안 나올 줄 알았다. 그런데 그게 사람에 따라 다르다고! 어쨌든 같은 상황이라면 밑져야 본전이니 아내 말대로 한 번 사정을 해볼 걸 그랬다. 그래서 안 봐주면 말고! 맞아, 그런 임기

응변식 대응 능력이 내가 부족하긴 해.

　아내가 벌금을 내고 얼마 지난 뒤, 경찰서에서 연락이 왔다. 음주 때문에 면허정지 받은 사람들이 경찰서에서 실시하는 교육을 몇 시간 받으면 면허정지 기간을 3개월로 단축시켜 준단다. 아내는 그 교육을 받고 결국 그 해 11월에 다시 면허증을 돌려 받았다.

　우리 가족에게는 호된(?) '태풍 효과' 였다.

동짓날 기나긴 밤은 얼마나 길까?

동짓달 기나긴 밤을 한 허리를 둘에 내어
춘풍 이불 아래 서리서리 넣었다가
어른님 오신 밤이거들랑 굽이굽이 펴리라

고등학교 고문(古文) 시간에 배운 황진이의 시조다. 선생님께서 동짓달이 긴 이유를 설명하시다가 24절기를 한숨에 다 외신다.

"입춘우수경칩, 춘분청명곡우, 입하소만망종, 하지소서대서, 입추처서백로, 추분한로상강, 입동소설대설, 동지소한대한!"

마치 한시를 낭송하시듯이 다 외시고는 이어 설명을 덧붙이셨다.

"많은 사람들이 음력인 줄 알고 있지만 이 24절기는 100% 양력이다. 태양이 지나가는 길과 적도가 만나는 춘분, 추분은 양력인 줄 다들 알고 있잖아? 하지나 동지도 알 터이고. 그 중간점들이 입춘, 입하, 입추, 입동이니 이 여덟 절기 각각에 두 개씩만 더붙이면 24절기를 외기도 쉽다."

그 이후, 나도 24절기를 암송하면서 그 의미도 꿰뚫고 있다. 그런데 동짓달 기나긴 밤이란다. 과연 동짓날 밤은 얼마나 길까?

초등학교 5학년 때인가 보다. 겨울방학이 다가올 무렵인 12월 어느 날, 선생님께서 숙제를 내주셨다.

"자, 오늘 숙제! 내일 모레가 12월 22일 동짓날이다. 오늘 배운 대로 동지는 일년 중 낮이 가장 짧고 밤이 가장 긴 날이다. 동짓날 아침에 해 뜨는 시각과 해 지는 시각을 재서 밤과 낮의 길이를 계산해온다. 알았나?"

우리는 그날 동지에 대해서 배웠다. 동지는 일년 중 밤의 길이가 가장 긴 대신 낮의 길이가 가장 짧은 날이라고. 선생님은 이 사실을 설명하시기 위해 교무실에서 지구본을 들고 오셨다. 그리고는 교탁 위에 놓은 칠판 지우개를 태양으로 간주하고 지구본을 들고 돌리면서 교탁 주위를 한 바퀴 도셨다.

"자, 이게 우리가 사는 지구야. 여기 지구의 북극과 남극을 관통하는 축을 자전축이라고 하는데, 이 자전축은 수직에 비해 23. 5도만큼 기울어져 있지. 지구는 이렇게 하루에 한 바퀴씩 스스로 자전하면서 이렇게 태양 주위를 1년에 한 바퀴씩 또 돈단다. 그런데 이 자전축이 23. 5도만큼 기울어져서 도니까 4계절이 생기게 되는 거란다."

동시에 선생님께서는 태양이 우리나라에서 가장 멀 때가 동지, 가장 가까울 때가 하지, 그리고 그 중간이 춘분, 추분이라고 하셨다.

숙제를 하기 위해 시계를 맞추어야 했다. 동짓날 전날 저녁, 나는 우리 집 사발시계에 밥을 잔뜩 주었다. 내일 해 뜨는 시각과 지는 시각을 재는 데 시계가 멈춰버리면 곤란하니까. 그리고 저녁 일곱 시를 알리는 라디오 시보의 "삐, 삐, 삐, 땡~~~" 소리에 정확히 분침과 시침을 맞췄다. 초침은 제 멋대로 째깍거리며 가니 그것까지 정확하게 맞출 수는 없었다.

다음 날 아침! 나는 앞산에 해가 떠오르기를 기다리며 사발시계를 꼭 쥐고 마루에 섰다. 집 밖으로 나가지 않아도 집안 마루에서 앞산에 해가 뜨는 것을 볼 수가 있었다. 마루에서 기다리다 좀 추우면 방으로 들어왔다가 해 뜨는 것을 놓칠세라 다시 마루로 나갔다. 드디어 아침 해의 최초 햇살 한 줄기가 앞산을 뚫고 내 눈에 들어왔다.

"됐다! 지금 몇 시지?"

8시 44분! 초는 어떻게 재나? 아까 분침이 정각일 때 보니 초침은 20초를 가리키고 있었다. 그리고 초침이 한 바퀴 돌아 다시 20초를 가리킬 때 분침이 일분 지나 정각을 가리켰으니 20초를 기준으로 계산하면 되는데, 아까 해 뜨는 시각인 8시 44분에 초침은 32초를 지나가고 있었다. 그럼 20초를 기준으로 12초 지나갔으니 오늘 동짓날 아침 해가 뜬 정확(?)한 시각은 8시 44분 12초이다! 나는 즉시 공책을 찾아 뒷면에 〈해 뜬 시각 8시 44분 12초〉라고 적었다.

학교를 갔다 와서 다시 사발시계에 밥을 잔뜩 주었다. 밥이 다 떨어져갈 때 시계가 천천히 가는 것을 방지하기 위해서였다. 해가 뒷산으로 뉘엿뉘엿 저물어갈 무렵, 집안 마당에서는 해가 넘어가는 것이 뒷집에 가로막혀 안 보이니 사발시계를 들고 집밖으로 나갔다. 집 앞 논둑 한 켠에 서서 해가 넘어가기를 시계를 보며 기다리고 있었다. 조금씩 뒷산 아래로 사라져 가던 태양이 마지막 햇살을 내게 남기고 꼴깍 넘어가는 순간, 다시 시계를 보았다. 4시 55분 26초! 초는 아침과 같은 방법으로 계산했다. 그리고 즉시 가져간 공책에다 4시 55분 26초라고 적었다. 가슴이 뿌듯했다. 동짓날 해 뜨는 시각과 해 지는 시각을 내가 직접 잰 것이다!

이제 또 할 일이 남았다. 해 뜨는 시각과 지는 시각을 알았으니 동짓날 낮의 길이와 밤의 길이를 계산해야 하는 것이다. 학교에서 배운 시간 계산법대로 계산해 본 결과 오늘 아침 8시 44분 12초부터 오후 4시 55분 26초까지 낮의 길이는 8시간 11분 14초가 나왔다. 이제 동짓날 밤의 길이를 재야하는데, 이것은 잴 필요도 없이 하루 24시간 중에서 낮의 길이를 빼면 바로 밤의 길이가 아닌가? 그래서 계산한 결과 동짓날 밤의 시간은 15시간 48분 46초였다. 드디어 숙제 완성! 나는 공책에다가 숙제 정리를 했다.

동짓날

해 뜨는 시각 : 8시 44분 12초

해 지는 시각 : 4시 55분 26초

낮의 길이 : 8시간 11분 14초

밤의 길이 : 15시간 48분 46초

됐다. 숙제 만세! 나는 공책을 가방에다 잘 갈무리하고는 식구들과 저녁밥을 먹었다. 아버지나 엄마, 누나, 동생 등 식구들은 내가 무엇을 했는지 전혀 모른다. 내가 얘기를 안 했으니 알 턱이 없다. 나는 괜히 기분이 좋아 밥 먹다 말고 혼자서 히죽 웃곤 했다.

 저녁을 다 먹고 나는 가방에서 숙제 공책을 꺼내어 다시 읽어보았다. 해 뜨는 시각 8시 44분 12초, 해 지는 시각 4시 55분 26초. 그래서 낮의 길이는 8시간 11분 14초, 밤의 길이는 15시간 48분 46초! 밤의 길이가 15시간 48분 46초? 으음? 15시간이 넘는 긴 시간이 밤이라고? 나는 적잖이 놀랐다. 밤의 길이가 낮의 길이보다 거의 두 배 가까이나 길었다. 해 뜨는 시각과 해 지는 시각은 내가 직접 쟀으니 틀릴 리가 없고 계산이 잘못되었나? 다시 계산해 봤지만 틀린 데가 없었다. 동짓날 밤이 길다더니 15시간 48분 46초나 되고 낮보다 두 배 정도 길단 말이지. 그래서 그 날 이후 내 머리 속에는 동짓날 밤의 길이가 15시간 48분 46초라고, 그날 해 뜬 시각은 8시 44분이라고 콱! 박혀 지금까지 기억하고 있다.

연말연시의 연례 행사

한 해가 간다는 것은 우리에게 어떤 의미일까?
지구의 자전축이 기울어져 있지 않다면
어떤 현상이 나타날까?

매년 한 해가 끝나가는 12월과 또 한 해가 시작되는 1월에는 사람들이 서로 연말연시 인사하기에 바쁘다. 요즘은 인터넷 등 통신수단의 발달로 연하장 대신 이메일이나 휴대폰 문자 메시지를 통해 인사를 하는 게 일반화되었지만 얼마 전까지만 해도 크리스마스 카드나 연하장을 만들어 친구 친지들에게 보내고 거래처에 인사를 하는 게 연례 행사였다.

어릴 때는 친구들한테 직접 카드를 만들어 보내기도 했고, 중고등학교 때는 예쁜 카드를 사서 보내기도 했다. 직장 시절에는 친구나 거래처에 좀 더 점잖은 연하장을 사서 보냈다. 어느 임원은 거래처 주소를 수십, 수백 건씩 비서에게 준다. 비서는 주소 개수만큼 연하장을 사온다. 워드 프로세서로 받는 사람 주소와 보내는 사람 주소를 프린트해서 봉투에 붙이고 다시 임원에게 준다. 임원은 카드나 연하장 안에 이미 인쇄되어 있는 인사말 아래 본인의 이름을 쓰고 사인을 하여 다시 비서에게 준다. 비서는 이에 우표를 붙여 발송한다.

"다사다난했던 갑자년을 보내고 을축년 새해가 밝아왔습니다.
지난 해 베풀어주신 은혜에 감사 드리며
새해에도 가내에 행복이 가득하시길 기원하나이다."

대략 이런 내용의 인사다. 받는 분들이 감사하게 생각할까? 나도 그렇지만 이런 연하장을 받으면 대부분의 사람들은 보낸 사람이 누구인지 확인해보고는 2, 3일 후 그냥 폐기해버린다. 정성으로 보면 어릴 때처럼 손수 만든 카드를 보내는 방법도 있으나 그건 너무 어렵다. 비록 인쇄된 연하장일망정 받을 사람을 한 사람씩 생각하며 각각에 맞는 인사와 코멘트를 하면 좋겠지만 바쁜 시간에 그럴 수도 없고 안 보내려니 거래처와 상사에게 너무 무심한 것같아 그럴 수도 없으니 미리 인쇄된 연하장에 워드 프로세서로 프린트한 주소 성명을 붙이고 내용물에 본인 이름만 서명하는 것이다.

이렇게 연말연시 약 2, 3주 동안은 회사 분위기가 들떠 있으니 어느 시니컬한 직원은 공개 게시판을 통해, 카드든 연하장이든 이메일이든 문자 메시지든, 서로 들떠서 흥청대는 이런 연례적인 새해인사 행태를 비판하기도 한다. 매년 똑같이 되풀이되는 행사인데, 과거나 현재나 연말연시라는 것은 다 똑같은데 차라리 그 시간에 일이나 더 하지. 어제 갑자년 12월 31일 아침에 뜬 해와 오늘 을축년 1월 1일 아침에 뜬 해는 똑같다. 해(年)가 바뀌어도 이름만 다를 뿐, 10년 전이나 5년 전이나 올해나 똑같은 해(太陽)가 떠 오르니 새해인사에 너무 흥분하지 말고 시간 낭비하지 말고 평온하게 평소처럼 일이나 잘 해야지, 그렇잖은가? 하는 뜻이다. 그 말에도 일리가 있다. 충분히 공감한다.

여기서 시간의 개념에 대해 생각해보게 된다. 하루가 지나고 한 달이 지나고 4계절이 지나고 일 년이 지나가고 하는 것은 지구의 자전축이 지구 공전궤도면의 수직축에 대해 23. 5도 만큼 기울어진 채 자전과 공전을 하는 데 따른 변화의 과정이다. 우리가 생의 길이를 잴 때 지구가 태양 주위를 한 바퀴 돌면 한 살을 먹었다고 하고, 10바퀴를 돌면 10살을 먹었다 하고, 60바퀴를 돌면 환갑이라고 한다. 100바퀴 넘어 돌고 또 돌아 영원히 살고 싶겠지만 아직은 우리 생애에 지구가 태양 주위를 100바퀴 도는 것을 보기는 쉽지 않다! 하루하루의 연속선상에서 보면 어제나 오늘이나 큰 차이가 없듯이, 갑자년의 말일인 어제나 을축년의 첫날인 오늘이 분명히 큰 차이가 없다. 그러나 새 해(年)가 돋았으니, 내가 태어나서부터 지금까지 지구가 태양 주위를 몇 바퀴 돌았는지, 한 바퀴 돌 때마다 난 그 동안 무얼 어떻게 했는지, 주위 사람들과 관계는 어땠는지, 생각해보고 뒤돌아볼 기회를 가지는 것도 의미가 있을 것 같다. 가까운 사람들한테 연하장이나 문자 메시지 한 통씩 보내면서 말이다.

지구의 자전축이 공전궤도면의 수직축에 대해 23. 5도 가량 기운 상태로 공전하는 것은 한 바퀴 도는 동안 4계절이 지나가니까 시간의 흐름을 피부로 느끼는 데는 아주 좋다. 만약 지구 자전축이 기울어져 있지 않았다면 어떻게 공전 한 바퀴를 카운트했을까? 위도에 따라 적도 지방은 해가 정동쪽에서 떠서 정서쪽으로 지게되니 계속 뜨거운 여름일 거고 중위도 지방에서는 태양의 고도가 90도에서 그 지방의 위도를 뺀 정도만큼만 올라갈 거고 극지방에서는 태양이 일년 내내 하루 종일 지평선을 따라 회전하는 한겨울일 텐데. 이렇게 위도에 따라 각 위도마다 4계절 변화 없이 일년 내내 같은 기온일 텐데 지구의 공전주기를 피부로 느낄 수 있을까? 아니면 공전주기를 카운드할 필요는 있었을까?

아마 그런 필요성이 있었다면 현명한 우리 조상들은 별자리를 보고 1년의 경과를 헤아렸을 것이다. 물론 지축이 공전궤도면에 대해 수직으로 서면 북극성도 다른 별로 바뀔 것이고 다른 별들의 위치도 다 달리 보일 것이니, 별자리도 다 다를 것이고 황도 12궁도, 만약 있다면 지금과 다를 것이다.

오랜 옛날 선사시대 우리 조상들의 농경생활이 4계절의 변화를 한 주기로 하여 되풀이 됨으로써 이를 기초로 한 역법이 발명되고 나중에 더욱 정밀한 천체 움직임의 관측을 통해서 오늘날 우리가 사용하는 것과 같은 달력이 완성되었다. 지금 세계적으로 통용되고 있는 그레고리력은 약 3300년에 하루 정도 오차가 날 정도로 지구의 자전과 공전에 대해 정확하다. 이슬람 지역에서는 달의 운행을 기초로 한 태음력이 사용되고 있으며 다른 나라와 교류할 때는 태양력으로 보정을 한다.

우리나라는 조선조 고종 때부터 태양력을 사용하고 있지만 지금도 태양력과 태음력이 혼용되고 있다. 아마 이는 각 나라의 문화와 깊은 관련이 있을 것이다.

가장 위대한 자연의 선물

시간이란 무엇일까?
시간에는 시작이 있고 끝이 있을까?
시간이 흐른다는 걸 어떻게 알 수 있을까?

시간이란 자연환경의 변화가 아닐까? 지구가 자전이나 공전을 하지 않고 정지해 있다면 어떤 현상이 나타날까? 그래도 시간의 흐름을 느낄 수 있을까? 그래도 사람은 태어나고 늙어가고 죽어가겠지? 그러나 우주는 정지해 있지 않고 해와 달, 별들이 떴다가 지고 어두운 밤이 지나면 다시 밝은 낮이 되고 봄, 여름, 가을, 겨울의 계절 변화가 있어 자연은 끊임 없이 변화하고 있다. 그 변화도 주기적으로 반복된다. 그래서 우리는 시간의 흐름을 의식하게 된 게 아닐까? 시간의 화살! 그것은 과거에서 미래로 흐른다.

1987년 11월경, 회사 일로 미국, 일본을 다녀오는 3주짜리 단기연수 기회가 있었다. 당시만 해도 해외여행이나 출장을 쉽게 갈 수 있는 여건이 아니어서 인솔자인 권부장을 포함한 일행 5명은 상당이 부풀어 있었다. 뉴욕행 비행기에서 잠을 청했으나 첫 해외 출장을 가는 기대감, 들뜬 기분 등으로 자는 둥 마는 둥 영화를 보는 둥 마는 둥 그렇게 지루한 14시간의 비행을 끝내고 뉴욕 JFK 공항에 도착하니 미국서 처음 맞이하는 햇살이 어쩌면 그렇게 눈부시던지! 아, 여기가 뉴욕인가? 눈에 보이는 사람들마다 모두 외국인들이니 거 참 신기하다. 모두 영어를 사용하니 그것도 신기하다. 내 영어를 알아들을까 걱정도 된다. 설레임과 감탄 속에서 주위를 둘러보다가도 꾸뻑, 점심을 먹다가도 꾸뻑, 주재원들과 환영 저녁에서도 꾸뻑꾸뻑! 시차문제로 밀려오는 졸음을 참느라 얼마나 고생했던가? 나뿐만 아니라 다른 일행들도 비슷했던 기억이 있다.

그런데 이 생체리듬은 어떻게 오는 것일까? 태양이 뜨고 지는 자연현상에 따라 지구상에 사는 모든 생명체는 하루 주기의 생체리듬을 가지고 있다. 우리 인간의 신체는 매일 태양이 뜨고 지는 데서 생기는 빛과 어둠의 주기에 리듬을 맞추는 복잡한 생물학적 메커니즘을 가지고 있다. 이 하루 시계는 선사시대의 인간이 지구상에 등장하여 시간을 의식의 대상으로 삼기 이전부터 존재했다. 대부분의 동물들도 이 하루 시계의 생체리듬에 맞추어 낮에는 먹이 사냥 등 활동을 하지만 어두운 밤에는 잠을 자거나 활동을 중단한다. 또한 동물들도 더운 여름과 추운 겨울, 그리고 따뜻한 봄 가을을 느낄 것이다. 마찬가지로 유인원에 가까운 선사시대 인간들도 그런 낮과 밤, 계절의 변화가 반복된다는 것을 알았을 것이다. 하루가 지나고 한 달이 지나고 한 해가 가는 등 시간 측정의 기본은, 실제로는 지구가 태양의 둘레를 자전축이 기울어진 채 자전과 동시에 공전하는 것이지만, 겉보기 현상으로는 매일 아침 동쪽에서 떠서 서쪽으로 지는 태양과 달과 별들의 운행이다.

중요한 것은 그런 반복되는 주기를 알아채고 한 번의 주기가 지나가면 다음 주기가 틀림없이 온다는 것을 예측할 수 있는 능력이 아니었을까? 선사시대 인간들이 공동체생활을 하며 이러한 자연의 반복되는 주기를 알고 이를 예측할 수 있었기 때문에 숫자를 세는 능력도 발달하지 않았을까? 예를 들면, '지금(오늘) 해 뜨는 시점에 이 장소에서 멧돼지 사냥을 했으니 한 주기가 지난 후(내일) 같은 때(해 뜨는 시점)에 또 여기서 만나서 사냥을 하자'고 하지 않았을까?

똑똑한 우리 인간의 조상들은 선사시대부터 지속적으로 이렇게 주기적으로 반복되는 자연현상을 파악하기 위해서 관찰과 측정을 계속했을 것이다. 그 관찰과 측정의 대상은 태양과 달과 별들의 운행 주기였다. 가장 쉽게 관찰할 수 있는 것은 태양의 뜨고 짐, 즉 하루 주기일 것이다. 태양의 하루 주기 다음으로 긴 것이 달의 한 달 움직임이 아닐까? 달이 초승달에서 다음 초승달이 될 때까지를 측정해보니 이것이 태양의 하루 운행으로 29. 5번 걸리더라고 측정했을 것 같다.

이렇게 여러 세대에 걸쳐 측정을 계속 누적해가다 보니 태양의 움직임과 계절의 변화와의 관계도 알게 되었을 것이다. '태양이 동쪽에서 떠오르는 지점이 가장 남쪽으로 내려갔을 때 가장 춥고 가장 북쪽으로 올라왔을 때 가장 덥고 그렇게 태양이 남쪽에서 뜨기 시작해서 가장 북쪽으로 왔다가 다시 가장 남쪽으로 내려갈 때까지(태양의 큰 주기) 태양이 뜨고 지기(태양의 짧은 주기)를 365번 하고 달이 찼다가 이지러지기를 12번 하고 10일 더 지나더라' 라는 규칙성(주기)을 발견했을 것이다. 한편 태양이 뜰 때마다 그 위치의 별들을 관찰했더니 이 별들도 조금씩 자리를 바꾸다가 마침내 태양의 큰 주기(일년)가 한 번 지나자 다시 같은 별이 그 자리에 오더라는 규칙성도 발견하게 되었다.

이처럼 태양과 달, 별의 운행 등 자연현상의 변화에 대한 관찰과 측정으로 인간은 시간이라는 가장 위대한 자연의 선물을 발견한 것이 아닐까?

갑자 을축 병인 정묘

중국에서는
60간지를 사용하는 역법과
태음태양력을 병행 사용하였다

중학교 시절, 국사 시험에 "1498년에 일어난 사화는 무슨 사화인가?" 하는 문제가 있었다. 국사 시간에 조선시대의 4대 사화에 대해서 배웠다. 사화가 일어났던 해의 60간지를 붙여서 무오사화, 갑자사화, 기묘사화, 을사사화라 했다. 그 사화의 각각에 대해서 일어났던 배경과 결과도 배웠다. 어느 게 어느 것인지 헷갈리기는 한다. 그런데 갑자기 1498년에 일어난 사화가 무슨 사화인지 묻는 문제가 나오니, 왜 일어난 연대를 공부하지 못했던가 한탄이 되었다. 교과서에 사화 이름 다음에 ( )를 치고 그 안에 년도가 쓰여져 있던 건 기억이 나는데 그걸 외우지를 않았으니 도대체 알 수가 없다. 선생님도 4대 사화가 시험 범위에 포함된다고 말씀하셨지만 발생년도에 대한 말씀은 안

하셨다. 그렇다면 시험 범위에 포함되지 않는 문제 아닌가? 속으로 그렇게 원망해봐야 소용없다. 분명히 네 개의 사화 중 하나일 텐데 어느 사화가 1498년에 일어났단 말인가?

고민하다가 문득 고개를 들어보니 건너편에서 시험을 보던 정호와 우연히 눈이 마주쳤다.

"아, 기미년!"

정호의 별명이 기미년이었다.

"기~미년 3월 1일 정~~오"

3·1절 기념 노래 중에 나오는 정~~오 때문에 노래를 부르며 놀리다가 기미년이 정호의 별명이 되었던 것이다.

"그래, 기미년. 기미년은 1919년이지. 그렇지, 60간지를 따져 보자."

당시 나는 10간 12지를 알고 있었다. 10간은 갑, 을, 병, 정, 무, 기, 경, 신, 임, 계다. 12지는 자, 축, 인, 묘, 진, 사, 오, 미, 신, 유, 술, 해다. 이 10간과 12지를 순서대로 하나씩 조합해서 갑자, 을축, 병인, 정묘 등등 한 해의 뒤에 붙여서 부른다. 그래서 순서대로 죽 붙여가다가 다시 갑자가 돌아오면 60년이 지나고, 그래서 사람은 60세가 되면 환갑이라고 하여 큰 잔치를 하지 않던가!

나는 즉시 시험지 빈 여백을 활용해 갑, 을, 병, 정, 무, 기, 경, 신, 임, 계 등 10간을 썼다. 10간만 따지면 10년 주기로 다시 돌아온다. 기미년의 '기'가 1919년이니 9로 끝나는 년도는 모두 '기'로 시작하는 해다. '기' 자 밑에 9를 썼다. 그렇다면 '경'은 0으로 끝나는 년도, '신'은 1로 끝나는 년도, '임'은 2, '계'는 3, '갑'은 4, '을'은 5, '병'은 6, '정'은 7, '무'는 8로 끝나는 해다! 옳지, 됐다. 그럼 이제 12지를 보자. 12

지만 보면 12년마다 다시 기미년의 '미'가 나타난다. 1919년 기미년에서 12를 빼니 1907년, 1907년 끝이 7로 끝나니 10간 중 '정'이다. 그러니 1907년은 정미년. 아, 이런 식으로 따져 가면 한이 없겠다. 보자, 환갑이 60년이니 60년마다 같은 해가 돌아온다. 그럼 1919년에서 60년을 뺀 1859년이 기미년이렷다! 1859년에서 60의 배수 300년을 뺀 1559년도 기미년이다. 됐다. 1498년에 가까이 간다. 1559년에서 다시 60을 뺀 1499년도 기미년이다. 1499년이 기미년이면, 그보다 한 해 빠른 1498년은? 우와, 이건 바로 무오년이 아닌가? 1498년은 무오년이다. 〈답 : 무오사화〉. 그래서 답을 맞췄다. 이건 순전히 '기미년 정호' 덕분이다.

나는 스스로도 대견해서 혼자 웃으면서 시험지 여백에 써놓은 갑, 을, 병, 정을 다시 보았다. '갑으로 시작하는 해는 4로 끝나는 해이고 을로 시작하는 해는 5로 끝나는 해이고……, 앗, 이런! 내가 바보짓을 했군.'

이미 4대 사화의 이름은 알고 있었으니 해답은 무오, 갑자, 기묘, 을사 중에서 하나를 쓰면 되는 거였는데 이렇게 10간만 보면, 1498년은 8로 끝나는 해이니 그 해는 '무'로 시작되는 해가 틀림없다! 12지까지 다 넣어서 따져볼 필요도 없이 무오사화가 답이었는데, 쓸 데 없이 60간지 다 따지다가 시험 시간만 낭비했다.

음력 달력에는 반드시 이 60간지를 이용한 년도가 표시되어 있다. 갑자년, 을축년, 병인년, 정묘년 등등. 그리고 매월도 또한 60간지를 써서 표시한다. 1월은 무인월, 2월은 기묘월 등이다. 매일, 매시도 이

60간지를 써서 표현한다.

그럼 이 60간지는 언제부터 사용되었을까? 최초로 갑자년, 을축년 등을 사용한 시기는 불분명하지만 은나라시대의 갑골문자에 간지표가 있었다고 하니, 그때부터 이미 60간지를 활용한 역법(曆法)이 발전하지 않았을까? 중국에서는 이 60간지를 활용해서 한 해의 흐름을 계산했고 이는 60년 주기로 되풀이되었다. 사람이 60년을 살아서 환갑을 맞으면 오래 살았다고 축하를 해주었으니 평균적으로 한 사람의 일생 동안 60간지가 지나가는 셈이다. 한나라 이후로는 음양오행가들에 의하여 일상 생활의 달력 및 길흉화복을 판단하는 데까지 사용하였다고 한다.

중국에는 공식적으로 사용하는 태음태양력과 함께 역(易)의 원리인 음양오행사상에서 비롯한 60간지를 사용하는 역법(曆法)을 병행 사용하였다. 병행 사용하는 정도가 아니라 사주팔자로 인간의 길흉화복을 점치는 이 60간지 역법이 중국 역법의 주류인 느낌이다. 즉, 지속적으로 태양과 달 및 다섯 행성의 운행을 관측한 결과, 예측과 조금씩 차이가 날 때마다 태음태양력의 역법을 수정하였으나 60간지를 사용한 연월일시의 경과 카운트 방법은 역법의 바뀜과는 관계 없이 끊임 없이 지속되었던 것이다. 우리나라에서는 신라의 삼국통일기를 전후하여 이 60간지가 사용되었다고 한다.

인간의 운명을 점치는 사주명리학에서는 이 60간지를 사용하여 시간의 경과에 따른 특정한 년, 월, 일, 시를 표시한다. 한 사람의 사주팔자를 가지고 그의 운명을 점치는 것이다. 그러나 이 사주명리학은 서양의 점성술과 함께 현대에는 정통 과학으로 인정받지 못하고 있다.

밤하늘의 은하수

밤하늘의 은하수
지구는 살아있다!
공과 같이 둥근 달
두 발로 가는 자전거
뒤에서 그냥 세게 밀어라
위로 던진 공의 궤적
'고들개'와 '아이 캔 두'
소나무 합창단
저금통은 내 용돈통
내 차량 번호는 8053

밤하늘에 반짝이는 저 수많은 별들은 다 하늘 천장에 붙어 있는가? 북두칠성 일곱 개의 별은 서로 이웃해 있겠지? 밤하늘의 계곡인 은하수 건너 견우와 직녀는 서로 떨어져 있고. 어릴 때는 그렇게 생각했었다.

빅뱅 이후 우주는 지속 팽창하고 있다고 한다. 우주에는 수천억 개의 별들이 모여 하나의 은하를 구성하고, 이런 은하가 또한 수천억 개가 있다고 하니 밤하늘의 별들은 몇 개나 될까?

태양과 달은 어제도 오늘도 동쪽에서 떠서 서쪽으로 진다. 내일도 마찬가지일 거다. 그런데 저 달은 쟁반처럼 둥글다고 한다. 우리가 살고 있는 이 지구를 보라. 태풍도 불고 홍수도 나고 산불도 나고 화산도 터지고 쓰나미도 밀어닥치고……. 지구는 스스로 살아 있는 생명체가 아닌가?

세상 모든 일을 '물 흐르듯이' 하라는 얘기가 있다. 무리하지 말고 순리에 맞게, 거슬림 없이 이치대로 일을 처리하라는 의미이다. 물이 흐른다는 것이 무엇인가? 물은 어디서 와서 어디로 흐르는가? 물은 항상 높은 데서 낮은 데로 흐른다. 흐르다가 막히면 돌아서 내려간다. 가끔은 막힌 둑을 무너뜨리고 거세게 흐르기도 한다.

물이 아래로 흐르는 것이나 저금통 안의 동전이 아래로 떨어지는 것이나 우리가 이 지구상에서 우주로 날려가지 않고 붙어 살 수 있는 것, 이 모든 것이 중력 때문이다. 중력은 지구뿐만 아니라 우주 전체에 영향을 미치는 자연법칙이다. 이 외에도 지구 및 우주 전체에 흐르는 자연현상에는 운동의 법칙, 관성의 법칙, 에너지 보존의 법칙, 도플러 효과, 소리의 전파 등 모든 물리적, 화학적 법칙이 다 포함된다.

그런데 이런 자연법칙들은 우리가 태어나면서부터 우리에게 익숙한 것이어서 공기나 햇빛 등의 존재와 같이 당연한 것으로 여겨왔다. 다음 이야기들은 우리가 알게 모르게 우리에게 영향을 미치고 있는 이런 자연법칙 또는 자연현상들에 대한 것들이다.

밤하늘의 은하수

Why does the sun go on shining?
Why do the stars glow above?
태양과 별들은 왜 반짝일까?

2009년 여름! 회사에서 직원들과 조직 활성화 행사로 야간산행을 했다. 저녁 먹고 오후 아홉 시부터 강원도 오대산 소로를 걸어 넘어 다음 날 새벽 세 시에 하조대에 도착하는 일정이었다. 최근에는 야간산행을 해 본 적이 없지만 군대 시절 누구나 야간행군을 해봤을 터이니 새로운 경험은 아니라고 할 수 있다. 하지만 그 행사를 통해서 색다른 즐거움을 느꼈다.

달도 없는 캄캄한 밤을 택한 것이 더욱 좋았다. 오대산 소로를 걸어서 넘는 과정에서 나는 은하수를 다시 보았다. 은하수를 포함한 밤하늘의 별들을 잊고 산 지가 얼마나 오래 되었던가? 서울을 비롯한 도심의 밤은 온통 휘황찬란한 불빛이 많으니 밤하늘의 별들이 전혀 보이질 않는다.

그렇지. 저렇게 북서 방향에서 남동 방향으로 길게 흐르고 있는 허연 구름 같은 저 길이 바로 은하수이지. 그러면, 은하수를 건너 서쪽 가운데에 보이는 저 큰 별이 견우성일 거고, 그 반대편에 있는 조금 큰 별이 직녀성일 테지. 아니, 견우와 직녀가 위치가 바뀌었나? 야간산행 도중이라 하늘의 별을 쳐다보다 발을 헛디딜까 염려가 되기도 했지만, 나는 걷는 도중 수시로 고개를 들어 하늘의 별들을 살펴보았다. 북두칠성이 저기 있으니 북두칠성 국자의 끝 변을 이루고 있는 두 별을 이어 그 다섯 배 정도 가면, 그래, 저 별이 북극성이군. 남쪽 하늘엔 전갈자리가 보일 텐데 산이 높아 그 아래에 감춰져 있는 모양이다.

어릴 적 여름날! 그때는 마당 한 쪽에 임시 아궁이를 만들어 그 위에 솥을 걸고 밥을 했다. 부엌에서 불을 때서 밥을 하면 여름 밤의 방이 너무 더워지니까. 들일을 마치고 오신 아버지는 마당을 쓸고 거기에다 멍석을 펴신다. 구수한 밥냄새를 맡으며 멍석에서 뒹굴뒹굴 기다리다가 저녁을 마치고 나면, 어느 새 온천지가 새까만 밤으로 바뀌고 우리집 멍석은 이웃 사람들이 모이는 사랑방이 된다. 그 틈에 누워 하늘을 쳐다보면 온통 별투성이! 그때 이웃 누나한테서 견우직녀 이야기를 들었다. 저 별이 견우이고 저 별이 직녀! 하늘 나라의 사랑하는 두 사람이 벌을 받아 은하수 건너편으로 헤어졌는데, 일 년에 한 번만 만날 수 있단다. 칠월 칠석날 까마귀들이 하늘로 올라가 다리를 만들어주면 그 까마귀 머리를 밟고 견우와 직녀가 은하수 한가운데서 만난단다. 일 년 만의 회포를 풀고 돌아설 때 서러워 우는 눈물이 비가 되어 내린단다. 그래서 매년 칠월 칠석날이면 비가 오고 다음 날 만난 까마귀들은 다 머리가 벗겨져 있다고 했다. 정말일까? 진짜로 까마귀 머리가 벗겨지나?

처마 끝에 매달린 희미한 초롱불에 몰려드는 불나방. 매캐하면서도 구수한 모깃불 냄새. 집밖 논에서 힘차게 들려오는 개구리 울음 소리. 멍석에 누워서 하늘을 쳐다보며 가끔 떨어지는 별똥별을 보고 좋아라 손뼉도 치고. 이웃집 누나 얘기를 듣다가 잠들기도 했던 그 시절에는 눈에 보이는 모든 별들이 하늘 천장에 붙어 있는 줄 알았다.

학교에서 별과 별자리를 배웠다. 북극성과 북두칠성, 큰곰자리, 작은곰자리, 카시오페이아자리, 오리온자리, 전갈자리 등과 황도 12궁! 그래, 하늘의 별자리는 모든 별들이 마치 하늘 천장에 붙어있는 것처럼 보고 상상을 해서 만든 것에 불과해!

더 학년이 높아지면서 우주를 배우고 천문학을 배웠다. 텅 빈 우주 공간에 태양 같은 별들이 수천억 개가 모여서 은하를 이루고, 그런 은하 수천억 개가 다시 우주를 채우고 있고……. 도대체 별의 개수가 몇 개나 되는 걸까? 별들의 집단인 하나의 은하 속에 천억 개의 별이 있다면, 이는 10의 11승 개! 그런 은하가 또 천억 개가 있다면 10의 11승 곱하기 10의 11승 개! 그러니까 10의 22승 개! 만, 억, 조, 경! 그 다음의 단위는 뭐지? 전혀 상상조차 가지 않는 우주의 크기이다.

결국 우리가 보고 있는 북두칠성 별 일곱 개가 서로 관련이 있거나 이웃해 있는 별이 전혀 아닌 거다. 그 일곱 개의 별은 서로 수십, 수백, 수천 광년씩 떨어져 있는, 전혀 서로 아무런 관계도 없는 독립된 별일 뿐이다. 그 별이 소속되어 있는 은하조차도 다를지도 모른다. 그 별빛이 지구에 도착해서 현재 우리가 보고 있는 이 순간에 이미 그 별은 사라지고 없을지도 모른다. 북두칠성 외의 모든 별자리의 별들도 모두 마찬가지이다.

그럼에도 불구하고 이 지구상에서 우리가 보면 그 별들은 마치 하늘 천장이라는 동일한 구면에 나란히 붙어 있으면서 우리에게 밤하늘의 이야기를 끊임없이 들려주고 있는 듯하다. 그런 밤하늘의 별들을 올려다보며 별자리를 만들고 이야기를 붙이고 인간의 운명을 점치기도 한 우리 조상들은 상상력이 뛰어난 위대한 존재라고 할 수 있다.

박석재 한국천문연구원장은 한 일간지에 게재한 칼럼에서 별에 대해 이야기했다.

> 흘러 간 팝송 "The End of the World"는 사랑하는 사람으로부터 버림받아 이 세상이 끝나는 것 같은 슬픔을 노래하고 있다. 'Why does the sun go on shining? Why do the stars glow above?'는 그 중 일부 가사다. 해는 별이기 때문에 이 둘은 사실 같은 질문이고 그 정답은 핵융합이다. 사랑의 슬픔을 노래하다 보니 천체물리학의 정곡을 묻게 된 것이다. 더구나 그 답이 바로 수소폭탄 제조 원리다.

뛰어난 과학자들, 천문학자들이 연구하고 밝혀낸 우주와 별들의 실체에도 불구하고 내가 느끼는 밤하늘의 별들과 별자리와 은하수는 아직도 옛날 시골집 마당의 멍석에 누워 올려다 보던 밤하늘의 별 그대로다. 별 하나 나 하나, 별 둘 나 둘……. 저 별은 나의 별, 저 별은 너의 별…….

한밤에 오대산을 넘으며 오랜만에 별들과 은하수를 보았다. 요즘 서울의 밤은 주위의 밝은 불빛 때문에 하늘 어디에서도 별을 보기가 쉽지 않다. 세종문화회관 앞에는 벤치에 발을 포개고 앉아서 책을 읽고 있는 중년 남자의 동상이 있다. 그 남자는 무슨 책을 읽고 있을까? 다가가서 어깨동무를 하고 그 책을 들여다보았다. 그는 정지용 시인의 〈별〉을 읽고 있었다. 광화문 광장에서 밤하늘의 별을 잊은지가 벌써 언제인데, 그 남자는 그 시절, 그 별이 그리웠던 것일까?

별

누워서 보는 별 하나는
진정 멀~고나.

아스름 다치랴는 눈초리와
금실로 잇은 듯 가깝기도 하고,

잠 살포시 깨인 한밤엔
창유리에 붙어서 엿보노나.

불현듯 솟아나듯
불리울 듯 맞아들일 듯

문득 영혼 안에 외로운 불이
바람처럼 이는 회한에 피어오른다.

흰 자리옷 채로 일어나
가슴 우에 손을 여미다.

정지용(1903~1950)

지구는 살아있다!

- 가이아 이론 -
옐로우스톤 국립공원의 분화구가
언제 또 용암을 분출하지는 않을까?
지구는 살아있는데……

"성아! 이 땅 두께는 얼마나 되나? 한 이만큼 되나?"

초등학교 들어가기 전 어느 날 나는 갑자기 이 땅의 두께가 얼마나 될까 하는 생각이 들어서 옆에 있던 작은 형에게 물어봤었다. 양 손을 편 채 어깨 넓이 정도 펼쳐 보이면서.

"뭐? 치이. 우물만 파도 그 깊이가 얼만데……."

방바닥에 엎드려 숙제를 하던 작은 형은 단번에 내게 면박을 주었다.

밖을 내다보면 집 바로 앞 좌우에 논이 있고 밭이 있고, 동네 뒤에 뒷산이 있고 집 앞으로 들녘이 펼쳐져 있고 그 앞에도 앞산이 있는데, 그것들은 전부 흙으로 덮여 있다. 이 세상에 흙이 얼마나 될까? 땅 두

께를 알면 흙의 양을 알 수 있을까? 그럼 땅의 두께는 얼마나 되나? 그 정도의 두께로 울퉁불퉁한 논밭과 높은 산과 넓은 들 모두 일정한 두께의 흙이 덮고 있지나 않을까 생각했던 것인데……. 그렇지. 땅을 파면 물이 나오고 우물은 땅을 파서 만들었고 동네 공동우물에 두레박을 넣으면 한참을 내려가니 그 깊이가 얼마나 되더냐?

동네 공동우물은 우리 집에서 한참 떨어진 옆동네에 있었다. 당시에는 집에 펌프가 없을 때라 누나나 엄마가 물지게를 지거나 물동이를 이고 물을 떠다가 정지에 있는 두멍에 저장해두고 물을 사용했다. 먹는 물은 언제라도 필요했고 특히나 밤에 물이 떨어지면 곤란했으니까. 나도 동네 우물가로 누나를 따라가곤 했었는데 누나가 두레박을 우물 안에 떨어뜨리면 한참만에 풍덩 소리가 났다. 그때 '우물이 참 깊구나' 생각했다. 그러니 당연히 땅의 두께는 우물 깊이보다 더 두꺼울 터이니……. 내 생각이 틀려도 한참 틀렸다는 걸 깨달았다.

당시 부엌 살림을 도맡아 하던 누나에게는 추운 겨울에 물 긷는 것이 무척 힘들었다. 동네 공동우물은 우리 집에서 약 100미터 정도 떨어져 있었는데 우물 근처에 가서는 다시 약 45도 정도의 경사로를 따라 한 10미터 정도는 더 내려간 위치에 있으니 눈이 오거나 길이라도 얼어 있으면 물지게를 지고 오는 것이 정말 보통 일이 아니다. 마침 추운 어느 겨울 날, 누나보다 한 살 어린 사촌 형이 놀러 왔다.

"누야, 누야! 날씨가 굉장히 춥다. 나 막걸리 한 사발만!"

당시 우리 집엔 아버지를 위해 항상 농주가 떨어지지 않았다. 술을 엄청 좋아하는 사촌 형도 그걸 잘 아는지라 누나에게 한 잔 얻어먹으려고 읍소를 한다. 그런데 누나는 절대로 그냥 주는 법이 없다.

"야, 너 물 한 지게 지고 오면 막걸리 한 잔 주지."

그 말에 사촌 형은 꼼짝 못하고 그 추운 겨울에 물 한 지게를 지고 온다. 그러면 누나는 막걸리 한 사발로 그 날 물 긷는 임무 완료! 그러니 가끔 '오늘은 달수가 왜 안 오지?' 하고 사촌 형을 기다리기도 했다.

그런데 그때, 이 세상 흙의 양이 얼마나 되는지 그게 왜 궁금했을까?

1995년 회사 일로 두 달 동안 뉴욕으로 해외 연수를 다녀온 적이 있다. 연수 마지막에는 일주일 동안 미국 인프라 견학 기회도 있었다. 이 기간을 활용해서 당시 시애틀에서 지역전문가 과정을 연수 중이던 같은 부서의 하대리와 같이 옐로우스톤 국립공원에 갔다.

옐로우스톤 국립공원은 커다란 분화구 안에 형성된 지형이라고 어느 책에서 읽은 적이 있다. 몇 천만년 전인가? 지구상에 대규모 화산 폭발이 있었고 그 결과 공원 전체 면적에 해당하는 대규모 분화구가 생겼다고 한다. 그래서 공원 전체가 분화구 안에 들어있다. 과연, 옐로우스톤으로 가는 길목마다, 공원 내에서도, 곳곳에 간헐천이 있어서 규칙적으로 혹은 불규칙적으로 뜨거운 온천수를 내뿜고 있었다. 심지어 도랑을 이루어 흐르는 물에서도 뜨거운 김이 무럭무럭 나오고 있었다. 그걸 보고 생각했었다.

이 지역이 옛날에 화산이 폭발했던 분화구였으니 온천수가 저렇게 분출되어 나오는 게 아닌가? 우리나라에 이런 곳이 있다면 사람들이 과연 그대로 두고 보며 즐길까? 아마, 온천 개발한다고 곳곳을 파헤치고 건물을 짓고 난리가 났겠지. 만약 미국 사람이 그렇게 마구 땅을 파헤치고 개발하다가 온천수 물줄기를 건드리게 된다면, 이 분화구가, 옐로우스톤 공원이, 또 용암을 분출하지는 않을까? 지금은 그런 징조가 보이지 않지만 말이다.

어릴 적 양손을 어깨 넓이 정도로 벌리면서 땅의 두께가 이만큼이냐고 생각했었는데 땅의 두께에 해당하는 지각은 그 두께가 약 30~50킬로미터에 이른다고 한다. 그 아래에는 마그마로 이루어진 용암이 뜨거운 액체 상태로 돌아다니면서 틈만 나면 지각을 뚫고 밖으로 나오려고 한다. 그러니 지각 중에서 좀 약한 부분이 있으면 기를 쓰고 뚫고 나오려고 시도할 것 아닌가? 그렇다면 옐로우스톤 국립공원은 도처에 있는 간헐천에서 뜨거운 물을 수시로 분출하고 있고 또 온천수가 내를 이루어 흐르는 곳이니 다른 지역보다 땅의 두께가 좀 더 얇지 않을까? 그러면 지각 아래의 용암이 땅을 뚫고 나올 확률이 다른 지역보다 더 높지 않은가? 그런데 옐로우스톤 공원 내에 사는 사람들은 그런 위험에 왜 전혀 대비를 하지 않고 있을까? 내가 정말 쓸 데 없는 걱정을 하는 건가?

아마 나름대로 예측을 하고 대비를 해놓았지 않았을까? 미국이란 나라가 과학 등 거의 모든 분야에서 세계 최고 수준이고 인간의 생명도 최우선시하는 인권 국가이니까. 그래도 지진이나 화산 폭발, 쓰나미 등은 과거의 수많은 사례에서 보듯이 갑작스레 발생하므로 항상 대비하고 있어야 할 것 같다.

지구과학에는 〈가이아 이론〉이라는 가설이 있다. 이 지구 자체와 지구에 살고 있는 생명체 등 모든 생물과 무생물이 서로 상호작용하면서 지구 스스로 진화하고 변화해 나간다고 보고 이 지구를 하나의 생명체로 보는 이론이다. 어쨌든 지구는 스스로의 힘으로 바람을 일으키고 눈, 비가 내리게 하고 기온이 오르내리고, 홍수나 산불이 나게 하고 화산이 폭발해서 용암이 분출하고 지진이 땅을 갈라놓거나 바다 밑을 갈라놓고 또 쓰나미가 들이닥치고…….

우리 인간이 통제할 수 없는 지구의 수많은 이런 활동들은 우리로 하여금 지구가 살아있음을 느끼게 한다.

공과 같이 둥근 달

달 달 무슨 달
쟁반 같이 둥근 달
어디 어디 떴나
남산 위에 떴지

초등학교 때 배운 노래다. 실은 초등학교 들어가기 전부터도 율동과 함께 알던 노래다.

〈달 달 무슨 달〉이 대목을 노래할 때는 양 팔을 가슴에 포개 얹고 고개를 좌우로 한 번씩 까딱하며 무릎도 네 번 반동을 준다. 다음 〈쟁반 같이 둥근 달〉을 노래할 때는 제자리 걸음을 하며 두 팔을 위에서 아래로, 양 옆으로 둥글게 원을 그려 준다. 〈어디 어디 떴나〉에서는 왼손은 허리 뒤에 대고 오른손은 눈 위에 올려 살피는 시늉을 하면서 좌에서 우로 가며 머리를 네 번 까딱인다. 마지막으로 〈남산 위에 떴지〉에서는 제자리걸음을 하면서 오른손 집게손가락으로 남산을 가리키며 네 번 까딱인다(옛 기억을 되살려 한 번 해보시라).

그때는 몰랐는데 지금 생각하면, 초등학생용 동요라 하더라도 달을 묘사할 때 왜 하필 쟁반 같이 둥글다고 표현했을까 하는 의문이 든다. 〈공과 같이 둥근 달〉이라고 했으면 초등학생들도 달의 모양을 이해하는 데 훨씬 더 좋았을 텐데.

쟁반이라고 하면, 음식을 담은 그릇들을 담아 옮기기에 좋도록 만든, 테두리가 있는 원반이다. 둥글기는 둥글지만 납작하게 둥글다. 우리가 맨눈으로 달을 보면 지구로부터 약 38만 킬로미터 떨어져 있는 달은 동전이나 쟁반 같이 납작하고 둥글게 보인다. 그래서 〈달 달 무슨 달 쟁반 같이 둥근 달〉이 되어버리고 말았다. 달이 이렇게 납작한 둥근 달로 인식되다 보니, 달에 살면서 방아를 찧고 있다는 토끼가 어떻게 달에서 떨어지지 않고 붙어 살고 있는지, 의문이 들지 않을 수가 없었다.

그러나 이런 의문들은 학년이 높아지면서 달에 대해서, 태양에 대해서, 또 지구에 대해서 배워감에 따라 쟁반 같이 둥근 달이 아니라 태양도, 달도, 지구도 모두 공처럼 둥글다는 것을 알게 되면서 해소되었다. 물론 달에는 토끼도 살고 있지 않다.

태양은 우리 은하계에 있는 약 1,000억 개의 별 중의 하나에 불과하다. 약 46억 년 전 초신성의 폭발 잔해물들이 모여 다시 원시 태양이 탄생하였다. 이 태양에서 떨어져 나온 우주의 티끌들이 모여서 지구를 형성하기 시작했을 때 달은 지구에 흡수되지 않은 티끌들이 별도로 하나의 구체를 형성하면서 지구의 중력에 붙잡혀서 지구를 공전하는 위성체가 되었다고 한다.

이렇게 달이 형성될 때 달 주위의 작은 행성체들이 달에 충돌하면서 분화구가 생기게 되었다. 이 분화구를 지구에서 보면 마치 달에 얼룩이 진 것처럼 검게 보인다. 달의 이 얼룩무늬를 보고 옛날 사람들은 떡방아 찧는 토끼를 생각했고 계수나무를 생각했던 것이다.

> 달아 달아 밝은 달아 이태백이 놀던 달아
> 저기저기 저달 속에 계수나무 박혔으니
> 금도끼로 찍어내고 옥도끼로 다듬어서
> 초가삼간 집을 지어 양친부모 모셔다가
> 천년만년 살고 지고 천년만년 살고 지고

우리가 눈으로 볼 때 해와 달은 동쪽에서 떠서 서쪽으로 진다. 해의 모양은 일년 열두 달 똑같이 둥근 모습이지만 달의 모양은 매일 조금씩 바뀐다. 달 없는 그믐을 지나 나타난 초승달, 상현달을 거쳐서 보름달, 다시 하현달을 거쳐서 그믐달! 초등학교 시험 문제에 초승달과 그믐달의 바른 모습을 고르는 문제가 있었다. 과연 초승달은 어느 쪽이 볼록할까? 오른쪽일까 왼쪽일까? 6학년 때 담임 선생님이 가르쳐주셨다.

"저녁에 뒷산 하늘을 향해 오른손을 들고 반원형을 만들어보아라. 이것이 초승달 모습이다. 다음 왼손바닥을 똑바로 펴서 오른손에 갔다 붙여 반원을 만들어 보아라. 이 모양이 상현달의 모양이다. 다음, 왼손도 오른손과 같이 둥글게 해서 원을 그리면, 이것이 보름달이다. 이번엔 오른손을 바르게 펴서 반원을 만들어보아라. 그러면 하현달의 모습이고, 이제 오른손을 내려라. 왼손처럼 왼쪽이 볼록한 모습이 새벽녘

동쪽 하늘에 보이는 그믐달이다."

달의 모습이 매일 달라지는 것은 달이 지구를 도는 공전주기와 지구의 자전주기가 서로 다르기 때문이다. 옛날 사람들은 달의 모양이 다시 되돌아오는 주기를 알아내어 날짜를 셈하였다. 달의 모양이 보름에서 다음 보름까지, 또는 그믐에서 다음 그믐까지 걸리는 시간을 태양의 하루 시간으로 계산하면 29. 5일이 걸린다는 것을 알고 음력 달력을 만들었던 것이다.

1969년 7월 21일인가? 미국의 우주비행사 닐 암스트롱이 처음으로 달에 발을 디뎠을 때 어머니 품 같이 서정적이고 토끼와 이태백이 놀던 낭만적인 달의 모습은 그만 차갑고 냉혹한 우주공간을 돌고 있는 하나의 천체, 위성으로 변하고 말았다. 당시 중학교 1학년이었던 나는 인류가 이룩한, 달에 사람을 보낼 정도의 과학 발전에 감탄을 하면서도 한편으로는 서정적이고 낭만적인 달에 대한 인식의 변화가 안타까워 그때의 감상을 어줍잖은 시 한 편으로 표현해 보기도 했었다.

두 발로 가는 자전거

-관성의 법칙(1) -
두 발 자전거는 움직이지 않으면
혼자 서 있을 수 없지만
달리기 시작하면 넘어지지 않는다

우리 집에 자전거가 생긴 건 내가 초등학교 들어가기 전인 것 같다. 큰 형이 아마 아버지께 사자고 졸랐던 모양이다. 우리 동네 앞 신작로 가에 자전거방을 운영하는 수길이 아저씨네가 있었다. 어느 날 아버지께서는 수길이 아저씨 자전거방에 가시더니 새 자전거를 타고 오셨다. 거기서부터 신작로를 따라 건너 동네인 봉대마을까지 시운전(?)을 하셨다. 집 앞 들녘을 가로지르는 신작로는 우리 집에서 직선 거리로 약 100미터 정도 떨어져 있었는데, 신작로보다 우리 집이 높아서 아버지의 자전거 시운전 모습이 잘 보였다. 엄마, 누나, 형들과 나는 우리 집 앞에서 그 모습을 보면서 모두들 들떠 있었다. 드디어 우리도 자전거를 갖게 되었다고. 아버지께서는 우리들 보라고 그러시는지 천천히 봉대까지 시운전을 하시고는 자전거를 큰형에게 넘겨주셨다.

그때부터 자전거는 우리 집 자가용이 되었고 나도 그 놈을 타고 싶었지만 키가 작으니 탈 수가 없었다. 그러나 나처럼 키가 작은 어린 애들이 어른들처럼 안장에 올라앉지 않고서도 자전거를 타는 방법이 있었으니……. 바로 자전거 가랭이 사이로, 즉 안장 아래 삼각형 빈공간으로 다리를 들이밀고 타는 방식이었다.

자전거의 왼편에 서서 먼저 왼손으로 자전거 왼쪽 손잡이를 잡는다. 그러면 왼손이 눈높이까지 올라간다. 다음, 오른팔꿈치로 안장을 짚는다. 그 상태에서 자전거를 잡은 채 달리다가 속도가 붙으면 왼발로 자전거 왼쪽 페달에 올라선다. 균형만 잘 잡으면 속도가 붙은 자전거는 넘어지지 않고 그 상태로 앞으로 잘 굴러간다. 그때 오른 다리를 자전거 가랭이 사이로, 안장 밑의 공간으로 밀어넣어 반대편 오른쪽 페달을 밟으면 오케이! 이제 오른팔꿈치로는 안장을 짚은 채 왼손으로 핸들을 조정하며 브레이크와 딸랑이를 사용하며 달리면 되는 것이다!

어린 나는 같은 또래 다른 아이들과 마찬가지로 그런 방식으로 자전거를 잘도 타고 다녔다. 성당 갈 때나 심부름 갈 때, 놀러 갈 때도 그렇게 타고 갔다. 언젠가 나도 키가 크면 어른들처럼 제대로 타고 다녀야지, 하면서.

그런데 어느 날, 나보다 키가 작은 옆동네 녀석이 어른 자전거 안장 위에 올라앉아서 타고 가는 게 아닌가?

'아니, 저 녀석이 어떻게……?'

그 놈은 분명히 나보다 한 학년 어리고 키도 나보다 한참 작은데, 그럼에도 불구하고 어른 자전거 안장 위에 올라앉아 넘어지지 않고 잘도 탄다. 페달을 밟을 때마다 엉덩이를 좌우로 심하게 삐딱삐딱 흔드는데도 발은 페달에 닿지도 않는다. 그렇지만 잘도 탄다. 이거 안되겠다.

그러던 어느 날, 나는 큰(?) 결심을 하고 자전거를 끌고 담배 가게 앞 신작로로 나갔다. 몇 년 전 아버지께서 처음 시운전을 하신 그 길에서 나는 처음 위로 타는 도전에 나섰다.

'까짓거, 넘어지면 깨지기 밖에 더하겠어?'

넘어져 다칠까 겁이 나기도 했지만 나보다 어린 녀석이 엉덩이를 삐딱거리면서 잘도 타는데 나라고 못할 리가 없잖아.

담배 가게 앞에서 자전거를 멈췄다. 마침 지나가는 차도 없었다. 평소 하던대로 왼손으로 왼쪽 손잡이를 잡고 오른팔로 안장을 짚었다. 그 상태에서 달리며 가속도를 붙이고는 왼발로 왼쪽 페달에 올라섰다. 여기까지는 평소와 똑같았다. 그냥 가만히 있어도 자전거는 잘 굴러가니 그때를 이용해 안장에 올라앉으면 되는데…….

'이얍!'

나는 오른쪽 다리를 자전거 가랭이 사이로 밀어넣는 대신에 풀쩍 뛰다시피 안장으로 몸을 날림과 동시에, 오른손으로는 오른쪽 핸들을 잡았다. 반사적으로 오른발은 오른 페달을 밟게 되었다.

'앗, 올라탔다!'

자전거는 페달을 밟지 않았는데도 그냥 균형을 유지하며 달리고 있었다. 오른발로 페달을 밟아보았다. 자전거가 앞으로 나감과 동시에 왼쪽 페달이 올라왔다. 그 놈을 다시 왼발로 힘껏 밟았다. 자전거는 앞으로 나가고 오른 페달이 다시 올라오니 그 놈을 다시 밟았다.

갑자기 나는 어른 자전거 안장 위에 올라앉아 자전거를 아주 잘 타는 아이로 변해 있었다. 이럴 수가, 이렇게나 쉬운데! 높은 안장 위에 앉아서 달리니 모든 들판과 집들이 다 낮아 보였다. 바람이 얼굴을 시원하게 가르니 이렇게 기분이 좋을 수가! 가슴이 벅차 올랐다.

"이야호~~~! 이야호~~~! 야~~~!"

아버지께서 처음 자전거를 타고 가셨던 봉대마을까지 가서는 자전거에서 내렸다. 탄 채로 자전거를 되돌리기는 아직 나한테는 어려웠기 때문이었다. 자전거를 돌려 세우고 다시 같은 방법으로 올라탔다. 위로 올라와 있는 페달을 밟으면 반대편 페달이 올라오니, 엉덩이를 삐딱거리지 않아도 된다. 발이 페달 끝까지 닿지 않아도 잘 탈 수 있는데 이렇게 쉬운 걸 이제야 타다니!

봉대에서 담배 가게까지 돌아올 때는 갈 때보다 힘이 좀 더 들었다. 오르막 길을 올라가는 느낌이었다. 길이 아주 완만하게 경사가 져 있음을 그때 처음 알았다.

뒤에서 그냥 세게 밀어라

- 관성의 법칙(2) -
아들에게 자전거 타는 법을 가르칠 때는
이렇게 해 보셔요

회사 후배 직원들과 얘기하는 도중에 아이들 얘기가 나왔다. 아이에게 자전거 타기를 가르치는 얘기였다. 후배가 말했다.

"지난 일요일에, 아들 녀석한테 자전거 타기를 가르쳤는데, 아, 이게 장난이 아니더라구요. 계속 뒤에서 붙잡고 따라가려니 이거 힘들어 미치겠더라구요. 그냥 두면 넘어질 것 같고……."

그렇지. 아들 녀석이 넘어져서 다치는 걸 보고 가만히 있는 부모는 없지. 어떻게 해서라도 다치지 않고 자전거를 잘 탈 수 있으면 얼마나 좋을까? 그래서 내 경험을 얘기해 주었다.

"그거 말이야. 이렇게 해 봐. 애를 먼저 안장 위에 앉혀놓고, 그 상태에서 그냥 세게 밀어. 붙잡고 따라가지 말고. 그러면 자전거는 관성의 법칙에 따라서 저절로 굴러 갈 것 아닌가. 그때 페달을 밟으라고 해 봐."

"아이구우~~~."

그 후배는 말도 안 된다는 듯이 고개를 저었다. 그랬다가는 애가 넘어질텐데 그러면 어떡하느냐고.

우리 아이가 초등학교에 들어갔을 때 자전거를 타고 싶어했다. 당시에 두 발 자전거는 성인용 밖에 없어 어린 아이들이 타기는 좀 어려웠다. 요즘은 예전과 달라서 두 발 자전거가 초등학교 저학년도 쉽게 탈 수 있도록 크기가 다양하게 많이 나와 있으니 자녀의 키에 맞는 자전거를 고르면 되니 큰 문제가 없다. 그러면 넘어지지도 않고 쉽게 자전거 타는 법을 배울 수 있으니까.

'어떻게 하면 저 녀석에게 넘어지지 않고 자전거 타기를 가르쳐 주나?'

나는 성인용 자전거 뒷자리에 진호를 태우고 학교 넓은 운동장의 한 구석에 있는 수돗가로 갔다. 수돗가 옆에 자전거를 세우고는 진호에게 어떻게 해야 하는지 설명을 했다. 먼저 시범을 보일 필요가 있었다. 나는 안장에 앉은 채 오른발로 수돗가 세면대를 딛고 균형을 잡았다.

"자, 진호야. 아빠를 잘 봐."

나는 그 상태에서 오른발로 세면대를 밀어 자전거가 앞으로 나아가게 했다. 페달을 밟지 않아도 자전거는 앞으로 죽 달려나갔다. 마찰 때문에 어느 정도 속도가 떨어지자 자전거가 비틀거렸고 나는 넘어지려는 쪽으로 핸들을 돌리면서 페달을 가볍게 밟았다. 다시 속도가 붙자 페달을 밟지 않은 채 천천히 자전거를 회전시켜 진호가 있는 수돗가로 돌아왔다.

"진호야, 봤지? 아빠가 한 것처럼 자전거를 세게 밀면 페달을 밟지 않아도 자전거는 넘어지지 않고 잘 굴러 간단 말이야. 그때 페달을 밟아주면 더 빨리 달리게 되지. 만약에 달리다가 자전거가 넘어지려고 하거든 아빠가 한 것처럼 넘어지려는 쪽으로 빨리 핸들을 틀어. 그러면서 페달을 밟으면 돼. 아빠가 한 것처럼만 하면 돼. 알았지?"

진호는 말 없이 고개를 끄덕였지만 조금 긴장하는 듯했다. 나는 자전거를 세면대 옆에 세우고 진호를 자전거 안장 위에 앉혔다. 앉은 채로 오른발로는 수돗가 세면대를 딛고 균형을 잡게 히고 왼발로는 왼쪽 페달을 위로 올라오게 하여 밟게 했다.

"자, 진호야. 아빠가 자전거를 세게 밀테니 그때 페달을 밟으란 말이야. 그러면서 핸들을 가고 싶은 방향으로 틀어. 만약 넘어지려 하면 넘어지려는 쪽으로 핸들을 틀면서 페달을 밟으면 돼. 아빠가 뒤에서 잡고 따라가니까 넘어지지는 않아. 알았지?"

그러고는 나는 자전거를 뒤에서 힘껏 밀었다. 나는 자전거를 잡지 않은 채 뒤에서 자전거를 따라 뛰어갔다. 자전거는 페달을 밟지 않아도 20미터 가량 잘 굴러갔다.

"진호야, 아빠가 잡고 있으니까 걱정 말고. 페달을 밟아 봐."

진호는 페달을 밟았다. 자전거는 다시 잘 굴러갔다. 자전거가 왼쪽으로 쏠렸다. 자전거를 잡지 않은 채 뒤에서 뛰어가며 소리쳤다.

"얼른 핸들을 왼쪽으로 틀어! 빨리 페달을 밟아."

내가 뒤에서 잡고 있다고 생각한 진호는 안심하고 시키는 대로 했다. 자전거는 잘 굴러갔다. 나는 자전거를 뒤에서 밀어주며 말했다.

"자, 진호야. 이제 네 혼자 해 봐. 저기 끝까지 갔다와 봐."

진호는 혼자서 거의 운동장 반대편까지 가더니 잠시 비틀거리는 듯했다.

"진호야, 넘어가려는 쪽으로 핸들을 틀어!"

나는 크게 소리쳤다. 다시 조금 비틀거리더니 운동장을 크게 비잉 돌아 내 쪽으로 방향을 틀었다. 아직 가고 싶은 방향으로 바로 방향을 바꾸기는 힘든 모양이었다. 그렇게 비틀거리면서 다시 내 쪽으로 왔다.

"우와, 진호야. 너 안 넘어지고 자전거 잘도 타네."

내게로 오는 자전거를 잡으며 말했다. 녀석은 아무 말도 하지 않았지만 얼굴에는 기쁜 미소를 띠고 있었다. 나는 그때서야 녀석에게 사실대로 얘기했다.

"사실은 아빠가 자전거를 안 붙잡았어. 너 아빠가 붙잡은 줄 알았지?"

녀석은 말은 하지 않았지만 놀란 듯했다.

"하하. 거 봐. 아빠가 자전거를 안 붙잡아도 시키는 대로만 하니까 되잖아. 다시 한 번 저기까지 갔다와 봐."

이번에는 진호 스스로 자전거를 수돗가 옆에 세우고 수돗가를 딛고 자전거에 올라 앉았다. 아까와 마찬가지로 나는 자전거를 세게 밀었고, 진호는 그렇게 운동장을 한 바퀴 돌았다.

녀석은 그렇게 해서 넘어지지 않고 자전거 타는 방법을 익혔다. 브레이크 잡는 방법은 안 가르쳐 준 것 같았는데 친구들한테 배웠나? 그 다음부터는 친구들과 어울려 잘도 타고 다니며 논다. 녀석 자전거 타는 모습이 어깨가 꾸부정한 게 꼭 제 할아버지를 닮았다.

위로 던진 공의 궤적

- 운동의 법칙 -
자전거 타고 가면서 위로 던진 공과
기차 타고 가면서 위로 던진 공은
각각 어디로 떨어질까?

초등학교 1학년 때였던 것 같다. 같은 동네에 사는 5학년 형이 중학생인 자기 형이 운전하는 자전거의 뒷자리에 타고 가는 걸 보았다. 그 5학년 형은 자전거 뒷자리에 앉아서는 야구공을 가지고 위로 던졌다 받았다 하며 놀고 있었다. 자전거가 앞으로 가는데도 그 형은 공을 위로 던졌다 받고 또 던졌다 받곤 했다. 떨어뜨리지 않고 잘도 받아낸다. 잘 하네!

나도 해 보고 싶었다. 어느 날 성당에서 교리공부를 마치고 집에 오는 길에 다른 동네 형의 자전거를 얻어 타고 왔다. '이 때다!' 나는 가지고 있던 고무공을 기회를 보아 위로 던졌다.

"앗!"

그러나 그 고무공은 내가 예상했던 대로 내 머리 위로 바로 떨어지지 않고 바람에 날려 저만치 뒤에 가 떨어졌다.

"성아! 잠깐만. 내 공 떨어졌어."

나는 그 형에게 양해를 구해 자전거를 세우게 하고는 뒤로 뛰어가서 공을 주워왔다. 우리는 다시 자전거를 타고 갔다.

'바람 때문에 안 되겠는 걸. 다시 해 봐야겠다.'

나는 자전거가 달릴 때의 바람의 영향을 제거하기 위해 그에 맞서 이번에는 조금 앞을 향하여 위로 던졌다.

'아~~~'

그러나 그 공은 이번에는 자전거 앞으로 떨어져서 동네 형이 그걸 보고는 나에게 짜증을 냈다.

"너 자꾸 공 그렇게 던질래? 그럼 너 안 태우고 간다."

"아, 알았어!"

형이 자전거를 멈춘 사이 나는 다시 공을 집어들고 자전거 뒷자리에 탔다.

'그 5학년 형은 잘 하던데 왜 나는 안 될까?'

얼마 뒤, 엄마와 함께 공검 작은집에 다니러 갔다. 우리 집에서 작은집에 가려면 상주역에서 기차를 타고 두 정거장 가서 양정역에 내려서 가야 한다. 사람들이 많아서 우리는 자리에 앉지 못하고 서서 갔다. 기차를 타고 가는 동안 나는 다시 그 공 생각이 났다. 주머니에 항상 가지고 다니던 고무공을 꺼냈다. 바닥에 튀겨 보았다. 그대로 똑바로 튀어 오른다. 그렇지. 이번엔 위로 던져 보았다. 정확히 다시 내 손으로 받았다. 위로 던지나 아래로 튀기나 기차가 달리고 있음에도 불구하고 공은 항상 정확히 내 손으로 돌아왔다. 많은 사람들이 서서 가는 기차 안에서 내가 공장난을 하니 엄마가 못하게 말렸다. 나는 공을 주머니에 넣고 생각했다.

'기차 안에서는 공이 똑바로 떨어지는데 자전거 타고 가면서는 공이 왜 똑바로 떨어지지 않을까?'

생각하면서 주위를 살펴보니 저 쪽 어딘가에 누가 기차 창문을 열어 놓고 밖을 내다보고 있었다. 멀어서 나한테까지 바람이 오지는 않았지만 그 사람은 바람에 머리카락을 날리면서 창밖을 구경하고 있다.

'아, 그래. 그렇구나!'

나는 갑자기 어떤 생각이 떠올랐다. 그러면 그렇지. 나는 혼자서 회심의 미소를 지었다. 자전거를 타고 달릴 때는 바람이 자전거와 함께 움직이지 않았다. 그러나 기차에서는 칸막이가 되어 있으니 창문을 다 닫으면 기차 안의 공기는 기차와 함께 움직이고 있지 않은가! 그것은 기차 밖을 내다보면 알 수 있잖아. 기차 밖의 공기는 그냥 그 자리에 머물러 있는데 기차가 그 사이를 뚫고 지나가니, 기차 밖의 공기는 더욱 세차게 뒤로 밀려 나가는 반면에, 기차 안의 공기는 칸막이 안에 갇혀 있어 기차와 함께 움직일 수 밖에 없지 않느냐고. 그러니까 내가 기차 안에서 위로 던져 올린 공도 공기가 기차 안에서 움직이지 않으니 똑바로 올라갔다 똑바로 내려오는데, 자전거 타고 가면서 위로 던진 공은 공기가 자전거와 같이 움직이지 않으니 자연히 바람에 날릴 수 밖에 없지 않느냐고.

나는 내가 내린 결론을 아무에게도 얘기하지 않았다. 왠지 칭찬 들을 것 같은 예감이 들지 않았기 때문이다. 나중에 중학교에서 과학시간에 배웠다. 움직이는 물체 A 위에 같이 있는 물체 B는 물체 A와 같은 속도로 움직인다고. 그러니 자전거 위에서 던진 공도 자전거의 속도로 앞으로 나아가면서 동시에 윗방향으로도 올라갔다가 지구 중력에 의해서 다시 아래로 떨어진다. 공의 전진운동과 상하운동, 즉 운동의 합이다. 그러니 공의 운동 궤적은 포물선. 공의 포물선 궤적은 자전거 위에서나 기차 안에서나 똑같은데 다만 자전거 위에서는 공기의 저항을 받아 가벼운 고무공은 뒤로 휙 날리고 마는 것이다. 동네 형이 자전거 뒤에 앉아 위로 던진 공은 고무공보다 무거운 야구공이니 공기의 저항을 덜 받은 것이다. 그리고 기차 안에서는 공기의 저항이 없으니 고무공이 뒤로 날리지 않은 것일 뿐.

그렇다면, 초등학생 때의 내 결론이 완전히 틀린 것도 아니잖아. 기차 안의 공기는 기차와 같이 움직이니 공기의 저항이 없다는 얘기인데 내가 저항의 개념을 몰랐다는 것이고 기차를 타고 가는 나는 기차와 같은 속도로 움직이는 것인데 나는 그 운동을 아무 생각 없이 그냥 당연한 것으로 받아들였던 것이다.

'고들개'와 '아이 캔 두'

- 골프는 운동법칙의 백과사전 -
키가 나보다 20센티미터가 더 큰 광주가
드라이버 샷을 250미터 날릴 때
내가 200미터 날리는 것은
너무도 당연한 사연법칙 때문이다

나는 골프를 좋아는 하지만 잘 치지는 못한다. 골프만 잘 못하는 게 아니라 모든 운동을 잘 못한다. 정해진 일정한 공간 내에서만 하는 다른 운동과 달리 골프는 너댓 시간 동안 산을 오르락내리락 하며 잔디와 산과 나무와 호수와 시냇가 등을 즐기며 동반자들과 담소를 즐기는 운동이다. 많은 다른 사람들도 그렇듯이 나도 그래서 좋아는 하지만 잘 치지 못하니 스트레스를 받을 수 밖에. 물론 겉으로는 '나는 절대 골프 스트레스 안 받는다' 하지만 속으로는 다르다.

물론 이론은 어느 정도 안다. 골프 이거야말로 물리학의 운동법칙이 그대로 적용되는 운동 아닌가 말이다. 정지해 있는 공의 바로 밑을 아이언의 페이스 스윗스팟에 맞게끔 정확히 가격하면 된다. 그게 전부다. 그런데 그렇게 하기 위해서는 몸의 축이 움직이지 않아야 하고, 그렇게 하기 위해서는 머리를 들지 말고 공을 끝까지 봐야 하고, 그렇게 하기 위해서는 머리를 고정시킨 채 어깨를 돌려 백스윙을 해야 하고 그렇게 하기 위해서는 머리를 고정시킨 채 팔을 쭉 펴고 다운스윙을 해야 하고, 그렇게 하기 위해서는 공을 맞히고 나서도 머리를 고정시켜 공이 지나간 자리를 봐야 하고, 그렇게 하기 위해서는 폴로스윙에서도 머리를 고정시킨 채 우측 어깨를 안으로 죽 밀어넣어야 하고, 또 그렇게 하기 위해서는 ……, 또 그렇게 하기 위해서는 ……, 또 그렇게 하기 위해서는 …….

여기서 '그렇게 하기 위해서는'은 바로 골프공이 페이스의 스윗스팟에 정확한 각도로 정확한 스피드로 맞도록 가격하기 위한 것인데, 말로는 쉬운데 우주 대자연에 도도히 흐르는 물리학의 운동법칙을 골프에 적용하는 것은 왜 이리 어려운가? 그건 다 우리 인간 자신의 마음속에 있지 아니한가? 골프야말로 운동법칙의 백과사전이 아닌가 생각이 들 정도다.

어느 일간지의 과학 칼럼에서 고려대 김선웅 교수의 칼럼을 읽은 기억이 있다. 골프는 자연을 닮은 운동이니 자연의 순리에 따라 즐기라는 것이다. 나를 포함한 모든 골퍼가 그러하듯이 드라이버 비거리를 늘이고 싶어한다. 비거리를 늘이기 위해서는 클럽 길이가 길고 로프트 각이 작고 헤드 속도가 커야 한단다. 골프 연습장에서 키가 180센티미터인 사람이 드라이버로 250미터를 날릴 때 키가 160센티미터인 사람은 200미터 정도 밖에 못 날린다. 이는 실력 차이도 물론 있겠지만 클럽의 스윙 속도가 비슷하더라도 키가 약 20센티미터 더 크면 팔의 길이를 포함해 회전 반경이 10% 이상 더 크게 되고 이것은 클럽을 스윙할 때 헤드의 속도를 10% 이상 증가시켜 결국은 비거리도 20% 정도 더 늘어나게 되는 것이다! 키 큰 사람의 장타 비결은 이처럼 자연법칙에 기반하고 있으니 나같이 키 작은 사람이 욕심을 부려 클럽을 휘둘러 본들 OB나 낼 뿐이다. 나보다 키가 20센티미터 정도 더 큰 광주가 드라이버로 250미터를 날릴 때 내가 200미터를 날린다면 20%의 차이를 인정하고 나도 최고 실력이 나왔다고 아주 만족해야 한다.

언젠가 회사 동료들과 골프를 한 적이 있다. 그 날도 물론 내가 제일 꼴찌를 했다. 성격이 급한데 그걸 통제를 못해 어드레스를 했을 때는 맘속으로는 물론 몸의 축을 고정시키고 정확히 스윙하리라 다짐하지만 실제로 치는 순간에는 그만 고개를 들어 앞을 먼저 보니 몸은 일어서고 따라서 클럽 헤드는 공 위를 맞히는 토핑이 되고 공은 쪼르르~~~ 쪼루가 나고 만다.

보다 못한 유상무가 말했다.

"김부장! 머리를 안 들려면 말이야. 공 치면서 '고들개' 하면서 쳐봐. 그러면 고개 안 들게 돼. 하하."

"고들개? '고들개'가 뭔데요?"

"뭐긴 뭐야? '고개 들면 개XX'지. 푸하하."

"뭣이? 이런~~~."

물론 농담인 줄 안다. 스윙 할 때마다 '에델바이스' 니 '엠비씨' 니 하면서 각자 정신을 집중하기 위한 자신의 구호가 있는데 '고들개' 라니!

"그래, '고들개' 라~~~."

좋아, 이번에는! '고!들!개!' 그렇게 스윙하니 한 번은 제대로 맞는다. 이제 재어보니 남은 거리는 7번 아이언 거리다. 좋다, '고!들!개!' 앗! 그러나 이번에도 쪼루! 할 말이 없군. 그래서 그 날도 내가 꼴찌를 했다.

얼마 후, 고등학교 동창들과 다시 필드에 나갔다. 스윙 때마다 속으로 '고들개'를 외치며 하는데 잘 맞다가도 잠시 방심하면 또 여지없이 쪼루다. 이거 안 되겠는 걸. 나는 친구들한테 실토를 했다.
"그것 참. 아무리 '고들개' 하고 스윙을 해도 잘 안 고쳐지네. 이거 머리 드는 버릇만 고치면 참 좋겠는데."
중삼이가 물었다.
"야, 뭐라고? '고들개'가 뭔데?"
"음, '고개 들면 개XX' 래."
"뭐? 후하하하하하."
그 녀석은 한참을 웃어대더니 한 마디 했다.
"뭐? '고개 들면 개XX?' 야, 이 좋은 날씨에 골프 치러 와서 왜 그렇게 네 자신을 비하하고 학대하냐? 그러니까 더 안 되지. 자신감을 가지고 된다고 생각하고 쳐도 잘 안 되는데 안 된다고 스스로를 비하하면 더 안 되지, 이 사람아!"
"그래, 그건 맞아. 그런데……."
"야, 구호를 바꿔 봐. '고들개'가 뭐냐, '고들개'가! 이렇게 해봐. '아이 캔 두!' 백스윙 시작하면서 '아이 캔,' 임팩트 하면서 '두!' 이렇게!"

중삼이는 직접 스윙 시범을 보이면서 '아이 캔 두'를 연발했다.

"그래, 네 말이 백 번 맞다. 지금부터는 '아이 캔 두'다!"

"그래, 자꾸 비하하지 말고 즐겨 보란 말이야."

중삼이 말대로 구호를 '아이 캔 두'로 바꿨다. 어감도 훨씬 낫다. 바꾼 구호로 첫 샷을 했다.

"아이 캔 두!"

"거 봐라, 훨씬 낫잖아!"

"아, 그러네. 댕큐!"

바꾼 구호를 사용한 첫 샷은 성공이었으나 두 번째 이후부터는 역시 전과 동이었다. 정말 성격과 습관이 무섭군.

정말 그렇다. 성격이 급한 것은 결국 욕심이 많다는 것 아니겠는가? 다른 사람들보다 빨리 더 많은 것을 차지하고 싶은 욕심 말이다. 욕심을 버리고 자연에 순응해야 할 것이다.

소나무 합창단

- 소리의 진폭과 진동수 -
테너 파트 다섯 명이
같은 진폭과 같은 진동수로 노래를 하면
한 사람의 목소리인 것처럼 들린다

TV 프로그램 〈남자의 자격〉을 잘 아실 것이다. 한 사람 한 사람씩 볼 때는 좀 미숙하더라도 여러 명이 같이 호흡을 맞춰 화음을 이루어 합창을 할 때 얼마나 아름다운 소리가 나는가? 축구 같은 단체 경기에서는 호흡도 중요하지만 한 두 사람의 스타 플레이어가 큰 역할을 하기도 한다. 그런데 합창에서 중요한 것은, 물론 독창을 해야하는 부분에서는 스타 연주자가 필요하지만, 혼자서 튀는 소리를 내서는 안된다는 것이다. 소리가 튄다는 것은 다른 사람보다 진폭이 크거나, 또는 혼자서 바이브레이션을 강하게 주어서 다른 사람들의 소리와 어울리지 못할 때 나오는 소리다. 테너 다섯 명이면 다섯 명이서 같은 주파수와 같은 진폭으로 소리를 낼 때 마치 한 사람이 내는 것 같은 멋진 화음이 나오게 된다.

고등학교 3학년 때 읽은, 어느 신문에 실린 한 칼럼이 생각난다. 박스 칼럼이니까 아마 주간 단위로 연재되는 고정 칼럼이었으리라. 내용은 다름 아닌, 합창음악을 비판하는 것이었다. 그 칼럼의 필자가 주장하는 바로는, 남녀 혼성합창이든 여성, 혹은 남성합창이든, 합창은 사람 개개인의 특성을 살리지 못하므로 좋지 못하다는 내용이었다. 대강 다음과 같은 내용이라고 기억된다.

우리 인간은 모두 평등하게 태어났다. 태어날 때 인간에게 주어진 기회는 모두에게 다 똑같다. 그러나 태어난 뒤 우리 인간의 능력은 각자의 타고난 재능에 따라 모두 다르다. 이 각자의 재능을 주어진 기회에 잘 적용함으로써 우리 인간은 다양한 방면에서 자신의 능력을 발휘하고 있는 게 아닌가 한다.
얼마 전에 음악회에 갈 기회가 있었다. 다름 아닌 합창 발표회였다. 여러 팀의 합창단이 순서대로 나와서 공연을 했다. 공연을 잘 감상했지만 또한 이런 생각도 든다. 합창이란 뭔가? 서로 개성과 목소리가 다른 여러 명이 모여 똑 같은 소리를 내는 것이 아닌가? 다른 소리를 내면 안 된다. 혼성 4부 합창이면 소프라노, 엘토, 테너, 베이스 등 4개 파트가 각 파트별로 똑같은 소리만 내야지 다른 소리를 내서는 안 된다. 그런데 합창단원 한 사람 한 사람을 하나씩 살펴보라. 각자 얼굴도 다르고 키도 다르고 음색도 다르고 음역도 다르지 않은가? 그런데도

불구하고 똑 같은 옷을 입혀 똑 같이 무대에 세우고 똑 같은 소리를 내라고 강요하는 것이다. (후략)

그 칼럼니스트의 목적과 의도는 알겠다. 각 사람마다 다 개성이 틀리듯이 목소리도 음색과 음역이 다 다른데 일률적으로 같은 소리를 내게 하기보다는 각 개인의 개성을 살려야 하지 않겠는가 하는 것이다. 그런 점에서는 그 칼럼니스트의 의견도 옳다. 다만, 그 분은 독창이라는 음악분야가 있다는 것과 같이 합창이라는 음악분야도 있다는 것을 잠시 착각하신 것 같다.

목소리에 재능이 있는 각 개인이 독창에서 자신의 능력을 최대한 발휘할 기회가 얼마나 많은가. 우리는 루치아노 파바로티, 플라치도 도밍고, 호세 카레라스와 더불어 우리나라의 소프라노 조수미까지 천사의 음성을 가진 많은 성악가들을 알고 그들의 음악을 감상하며 감탄을 하고 있다. 연말연시가 되면 TV 방송국에서 가끔 송년음악회, 신년음악회 등을 내보낸다. 언젠가 송년음악회 방영 시간에 세계적인 테너 세 분(루치아노 파바로티, 플라치도 도밍고, 호세 카레라스)이 한 자리에서 공연하는 모습을 봤다. 각 개인들의 독창 음성을 감상할 때는 정말 감동적인 무대였다. 방송의 끝무렵에 그 세 분이 한꺼번에 나와서 같은 곡을 합창했다. 각자의 개성이 뚜렷하고 음색이 다른 세 분이 함께 최대한의 음량을 발휘해서 노래를 했다. 각자의 노래를 듣기는 좋은데 화음은 이루어지지 않았다. 음의 진동수(음의 높이)는 세 사람이 같았지만 진폭(음의 크기)은 다 달랐기 때문이 아닐까?

자연에서 나는 모든 소리는 파동을 타고 퍼진다. 사람이 내는 음파는 초속 340미터의 속도로 전파되는데 이 파동에는 진폭과 진동수가 있다. 초당 진동수가 많을수록 높은 소리가 나고 진폭이 클수록 큰 소리가 난다. 그런데 여러 사람이 함께 같은 높이(같은 진동수)의 소리를, 같은 크기(같은 진폭)로 낼 때 화음이 완벽하게 이루어진다.

여기 테너 파트 5명이 있다고 하자. 한 사람(A)이 내는 소리는 바이브레이션이 없다 하더라도 음파에는 그 스스로의 진폭이 있어 마루와 골을 이루게 된다. 다음 두 번째 사람(B)이 같은 높이의 음(같은 진동수)과 같은 크기의 소리(같은 진폭)를 내면 진폭이 같더라도 음파의 마루와 골이 첫 번째 사람과는 다르다. 따라서 A, B 두 사람의 목소리가 아닌, 제3의 목소리로 들린다. 다음 세 번째와 네, 다섯 번째 사람이 같은 소리를 낼 때 그 진폭의 마루와 골이 또 서로 다르게 된다. 그래서 다섯 명 테너 음이 합쳐지면 진폭의 마루와 골의 구분이 없어지고 마치 유리관 속으로 동일한 양의 물이 계속 흐르는 것처럼, 마치 한 사람의 목소리인 것처럼, 완벽한 화음이 이루어져 아름다운 소리가 나게 된다. 여러 사람이 같은 소리를 낼 때 한 사람의 음의 진폭이 커서 혼자서만 큰 소리를 내거나 혹은 혼자서만 심한 바이브레이션을 내면 그 한 사람 때문에 화음이 이루어지지 않는다. 합창은 축구 같은 단체 경기보다 더 단원들의 호흡이 중요하다. 마치 색의 3원색인 빨강, 파랑, 노랑, 이 세 가지 색을 같은 양(같은 크기, 같은 진동수)으로 잘 섞으면 검정색이 되듯이.

이렇게 각 파트별로 음이 모아져서 화음을 이루고 다시 각 파트의 음이 선율을 타고 흐르면서 화성을 이룰 때 합창의 진수가 나타나는 것이다. 더구나 그것이 남성 4부 합창이라면!

2005년에 탄생한 〈소나무 합창단〉은 음악과 노래를 좋아하는 5,60대의 남성 20여 명이 모여 만든 남성 4부 합창단이다. 한 TV 프로그램 〈남자의 자격〉에 나오는 합창단과 같은 연령대이다. 합창단 이름은 초기 단원 중 한 멤버의 자녀 결혼식에서 축가로 독일 민요 〈소나무〉를 불렀던 것에서 비롯되었다. 축가를 부르기 전에 "신부 ○○양의 아버지 친구분들이 따님의 결혼을 축하하기 위해 모였다"는 사회자의 멘트가 나가면 처음에는 웅성웅성 웃던 축하객들도 아카펠라로 부르는 남성 4부 합창 축가가 끝나면 다들 놀라움으로 큰 박수를 보낸다. 가끔 신부나 여성 축하객 중에는 감동의 눈물을 닦는 분도 계시고.

　회사원, 의사, 무역회사 사장, 요식업 사장, 기업체 임원 등 직업도 다양하고, 지휘자와 반주자를 제외하고는 음악 전공자는 한 사람 없지만 합창에 대한 열기만은 대단하다. 다들 노래방에서는 한 가락씩 멋지게 뽑을 수 있는 가창력을 보유하고 있지만 모두 아마추어이다 보니 의욕이 지나쳐 가끔은 합창에서는 금물인 튀는 소리가 나오기도 한다. 그래도 연륜이 쌓여감에 따라 〈소나무〉는 서로 진동수와 진폭을 일치시키며 자연과 조화를 이루어 잘 자라고 있다. 언젠가는 〈남자의 자격〉의 청춘 합창단과 대결할 기회도 있을거라고 기대하면서.

> 소나무여 소나무여 언제나 푸른 네 빛
> 소나무여 소나무여 언제나 푸른 네 빛
> 무더운 여름날이나 눈오는 추운 겨울도
> 소나무여 소나무여 언제나 푸른 네 빛

사랑이여 사랑이여 언제나 고운 노래
사랑이여 사랑이여 언제나 고운 노래
사랑의 노래 부르며 영원히 행복하여라
사랑이여 사랑이여 언제나 고운 노래

저금통은 내 용돈통

- 중력의 법칙 -
사과가 아래로 떨어지는 것처럼
저금통 안의 동전도
아래로 떨어지게 되어 있다

초등학교 1학년 때, 작은 형이 성당 교리경진대회에서 1등을 하고 상품으로 저금통을 받아왔다. 지구본처럼 생긴 저금통이었는데 동그란 지구본 제일 꼭대기에 동전 구멍이 있었다. 한 번 동전을 넣으면 지구본 통을 깨뜨리기 전에는 동전을 뺄 수 없었다. 형과 나, 누나, 엄마 등 우리 식구는 모두 동전만 생기면 저금통을 채우기에 바빴다. 며칠이 지나자 저금통에는 제법 많은 동전이 들어찼다. 들어보면 묵직한 게 흔들면 짤랑짤랑 경쾌한 동전 소리가 났다.

저금통에 동전이 들어 있으니 자연히 꺼내 보고 싶은 생각이 든다. 이걸 어떻게 하면 꺼낼 수 있나? 안방에 아무도 없고 혼자 있을 때 나는 저금통을 거꾸로 들고 흔들어 보았다. 작은 동전 구멍으로 동전이

나올 턱이 없지. 주위를 둘러 보았으나 쓸 만한 도구가 안 보인다. 뭔가 납작하고 길쭉한 거라야 저금통 안으로 넣을 수 있을 텐데? 문득 선반 아래 꽂힌 휜 칼이 보였다.

"옳지. 바로 저거다."

나는 곧바로 휜 칼을 빼들었다. 언제부터 우리 집에 있었는지 모르지만 오래 전부터 이 휜 칼은 다양한 용도로 쓰이는 우리 식구 모두의 만능 연장이다. 얼마나 오래 썼으면 이 칼의 칼날 머리는 이미 반이나 닳아 있었다. 칼이 잘 안 들면 아버지께서 숫돌에 갈아서 잘 들게 만들었다. 나는 그 휜 칼을 거꾸로 든 저금통 안으로 쑤셔 넣었다. 갈 들어 간다. 그런 다음 저금통 안을 휘저어 동전을 빼내려 했다. 칼날은 저금통 안의 허공을 휘젓기만 할 뿐 아래로 몰린 동전들을 좁은 동전 구멍으로 도저히 빼낼 수가 없었다.

"아, 그렇지!"

휜 칼로 저금통 안을 몇 번 휘젓다가 갑자기 어떤 생각이 떠올랐다. 나는 휜 칼을 저금통 안에 깊숙이 넣은 채 저금통을 수평으로 들었다. 칼도 저금통 안에서 수평을 유지했다. 동전들은 죄다 아래쪽으로 몰려 손에 묵직한 감이 왔다.

"이얍!"

나는 한 번에 잽싸게 저금통과 휜 칼을 동시에 180도 회전시켰다.

"야호! 우하하!"

그러자 아래에 몰려있던 동전들이 위로 올라갔다가 두두둑 아래로 떨어지면서 그 중 두 개가 휜 칼 위에 얹혔다. 나는 칼날 위의 동전이 떨어지지 않게 조심조심 휜 칼을 빼냈다. 성공이다! 같은 방법으로 또 해

봤다. 이번엔 세 개나 엎혔다. 다시 세 번째 시도했다. 이번엔 한 개.
"너무 많이 빼먹으면 안 되지."
나는 저금통과 흰 칼을 제 자리에 돌려놓고 내가 꺼낸 동전을 움켜쥐고 창환네 점방으로 내달렸다.
"봐요, 〈비가〉 줘요."
나는 내가 좋아하는 〈비가〉를 맛있게 먹었다.

그 뒤로 나는 내가 〈비가〉를 먹고 싶으면 언제나(?) 아주 쉽게(!) 저금통에서 동전을 꺼낼 수 있었다. 그러던 어느 날,
"이상하다? 동전이 적네? 내가 많이 넣었는데……."
누나가 저금통을 흔들어 보다가 혼잣말을 했다.
'아뿔싸! 들켰나?'
그러나 누나는 물론이고 엄마나 형도 내 방법을 알지 못했기 때문에 나를 의심하는 사람은 없었다.
'이거 안 되겠다.'
어느 날, 외할머니가 오셨다 가시면서 내게 용돈을 주셨는데 역시 〈비가〉를 사먹고 남은 동전이 몇 개 있었다.
"엄마, 나 이거 저금통에 넣어."
나는 엄마와 누나가 보는 앞에서 당당하게 저금통에 동전을 쑤셔 넣었다. 짤랑짤랑! 이렇게 경쾌한 소리도 들리는데 누가 감히 내가 저금통의 동전을 끄집어낸다고 생각한단 말인가? 이제 저금통은 완전히 내 용돈통이었다. 주머니에 동전을 가지고 다닐 필요도 없다. 〈비가〉가 생각날 때마다 흰 칼만 동원하면 되니까.

그러던 어느 날, 누나가 무슨 일로 급하게 동전이 필요했다. 나와 형, 엄마 등 아무도 동전을 가진 사람이 없었다.

"이거 꺼낼 수 있나 모르겠다."

누나는 저금통을 들고 흔들어 보았다. 짤랑짤랑 큰 소리가 났다. 저금통을 거꾸로 들고 흔들어 보았지만 나올 턱이 없지. 누나가 사방을 두리번거리다가 역시 우리 식구의 만능 연장인 흰 칼을 빼들었다.

'앗! 누나도 할 줄 아나?'

그러나 누나는 내가 처음 했던 것처럼 칼을 저금통에 꽂은 채 거꾸로 들고 칼을 저금통 안에서 휘저을 뿐이었다. 그렇게 해서는 동전을 뺄 수가 없지.

'누나, 이렇게 해 봐.'

나는 가르쳐 주고 싶은 생각이 굴뚝 같았다. 그러나 그랬다가는 지금까지 없어진 동전 범인이 바로 나라는 걸 알려주는 꼴이니 도저히 알려줄 수가 없다. 나는 가르쳐 주고 싶어 손이 근질거리고 입이 근질거리는 걸 간신히 참았다. 누나가 몇 번을 시도하는 동안 나는 잘도 참았다.

"에이, 안 되겠다."

누나가 포기하고 나갔다. 다시 혼자 방에 있게 되자 같은 방법으로 아주 쉽게(?) 나는 동전을 빼냈다. 또 창환네 점방으로!

'이렇게 쉬운 걸.'

50년 전의 내 비밀을 이제야 고백한다.

내 차량 번호는 8053

- 리만 가설 -
소수(素數, Prime Number)는
수학에서, 물리학에서 아주 중요한 숫자인데
우리 실생활에는 어떤 역할을 할까?

지금은 바뀌었지만 그 전 내 차량번호는 8053이었다. 8053이라, 8053? 처음 번호를 대했을 때 8053은 내게 친숙하지 않은 숫자였다. 짝수도 아니고 쌍쌍번호도 아니고. 그 전전 차량의 번호는 7711이었다. 7711! 얼마나 멋있는(?) 숫자인가? 3456처럼 연속 숫자도 아니고 2468처럼 건너 뛰는 숫자도 아니고 3927처럼 구구단 숫자도 아니고 6432처럼 두 자리씩 끊어 배수가 되는 숫자도 아니고.

아무리 뜯어 봐도 8053은 큰 특징이 없는 숫자였다. 그럼 어디 3으로 나누어지나? 네 자리의 숫자를 다 더하면 16이니 3의 배수도 아니다. 5의 배수는 물론 아니고 그럼 7? 보자, 8을 7로 나누면 1이 남고 10을 7로 나누니 3이 남고 35를 7로 나누니 5가 몫이고 나머지가 3이니 7

의 배수도 아니다. 7 다음에 8, 9, 10 지나 11로 나누면? 80을 11로 나누니 3이 남고 35를 11로 나누니 2가 남고 23은 11의 배수가 아니니 8053은 11로도 나누어지지 않는다. 12 지나고 13으로 나누면? 80을 13으로 나누면 2가 남고 25를 13으로 나누면 12가 남는데 123은 13의 배수가 아니니 8053은 13의 배수도 아니다. 그럼 17로는? 80을 17로 나누면 12가 남고 125를 17로 나누면 6이 남고 63은 17의 배수가 아니니 17의 배수도 아니다. 그럼 19로는? 80을 19로 나누니 4가 남고 40을 19로 나누니 2가 남고 23은 19로 안 나누어지니 8053은 19의 배수도 아니다!

지금까지 20이하의 소수(素數)는 다 써 봤는데 안 나누어진다. 그럼 8053의 약수가 있다면 얼마나 큰 숫자일까? 90을 제곱하면 8100. 만약 8053의 약수가 있다면 이는 90보다 작은 숫자일 거다. 20이 넘어가자 이젠 머릿셈만으로는 나누기가 어렵다. 계산기를 동원해 보자.

20보다 큰 소수는 에라토스테네스의 체를 사용하면 23, 29, 31, 37, 41, 43, 47, 53, 59, 61, 67, 71, 73, 79, 83, 89 등이다. 23도 아니고 29도 아니고 31도 아니다. 슬슬 긴장되기 시작한다. 8053이 소수일까? 이어서 37, 41, 47, 53, 59까지 60이하의 소수도 역시 8053의 약수가 아니다. 진짜 소수 같은데? 이어서 61, 67, 71, 73, 79, 83! 마지막 89로도 8053은 나누어 떨어지지 않는다. 결국 8053은 소수이다!

소수(素數, Prime Number)는 1과 그 자신의 숫자 외에 약수가 없는 숫자이다. 수학적으로는 상당히 중요하다고 하는데 우리 일상생활에서 소수가 쓰이는 곳은 거의 없는 것 같다. 어디에 쓰일까? 축구나 야구 등 운동 선수들의 등번호를 보면 한 자리 혹은 두 자리 숫자를 사용한다. 아마 선수들 개인이 좋아하는 숫자를 사용하겠지? 좋아하는 숫자가 중복될 경우에는 어떻게 하나? 고참 순으로 하는가? 그 옛날 언젠가의 신문에서 선수들의 등번호에 대한 기사를 읽은 적이 있었다. 선수들은 소수(Prime Number)를 좋아한다고 했다. 자신이 최고가 되고 싶으니까. 그러면서 언급한 선수가 당시 삼성라이온즈의 보증수표 투수 김시진 선수와 축구대표팀의 차범근 선수였다. 김시진 선수의 등번호는 29번, 차범근 선수의 등번호는 11번! 그래서 소수는 행운을 가져다 주는 숫자라고도 했다. 내 차량번호는 8053인데 그럼 내게는 어떤 행운이 있었을까? 그 차를 타면서 3년동안 한 번도 사고가 나지 않았다면 그것도 행운일까?

수학 이론 중에 리만 가설이 있다. 1859년에 독일의 수학자 리만이 〈주어진 수보다 작은 소수의 개수에 관한 연구〉의 제목으로 논문을 발표했는데 리만의 사후에 그의 가정부가 남아 있던 모든 자료를 불태워서 상세한 연구 내용을 알 수 없다고 한다. 후에 역시 독일의 수학자 다비드 힐베르트가 리만 가설을 20세기에 전 세계의 수학자들이 반드시 해결해야 할 과제 중의 하나로 선정했는데 이 리만 가설을 아직까지도 증명하지 못하고 있다 한다.

힐베르트는 자연과 수학의 진리를 찾아내는 인간의 능력에 한계가 없다고 굳게 믿었다고 한다. 그는 "우리는 알아야만 한다. 우리는 결국 알게 될 것이다(독일어로 Wir müssen wissen, wir werden wissen)"라는 내용의 연설을 했는데, 이는 과학 역사상 가장 유명한 연설로 기억되고 있다고 한다.

　차량번호는 모두 네 자리 숫자인데 그 중 가장 큰 소수는 무엇일까? 9999부터 거꾸로 내려가 보자. 그 전에 우선 100이하의 소수부터 알아보자. 아까 89까지는 찾아봤으니 89다음에는? 으음, 97밖에 없구나.
　9999 이하의 숫자 중 검증해 볼 필요성이 있는 숫자는 9997, 9991, 9989, 9983, 9979, 9973 등이 있는데 우와, 너무 일이 많다. 작은 소수부터 약수로 해서 나누어 가다 보니 일단 9997은 13의 배수이니 제외. 9991을 보자. 이번에는 거꾸로 큰 소수보다 나누어 가려고 했는데 9991은 100이하에서 가장 큰 소수인 97로 바로 나누어 떨어진다. 9991도 탈락. 9989는 7의 배수. 9983은 찾아 본 결과 67의 배수. 9979는? 17의 배수. 9973은? 아, 가능성이 있다. 다시 천천히 검증 해보자. 맞다. 9973은 97이하 어느 소수로도 나누어지지 않는다. 9973은 9999 이하의 숫자 중에서 가장 큰 소수이다!

　당신의 차량번호는 소수인가요? 9973번 차량의 주인은 누구신가요? 당신에게 행운이 있을 것입니다.

하루살이의 멋진 하루

파리와 모기와 벌
개미들의 행진
〈워낭 소리〉
생명의 탄생
Just Leave It!
호박잎과 잭나이프
하루살이의 멋진 하루

'생명이란 무엇일까?' 하는 의문이 가끔 든다. 봄을 맞아 파릇파릇 돋아나는 새싹들을 보고 생명의 신비를 안 느끼는 사람은 없다. 나도 그렇지만 많은 사람들이 봄에, 나무에 싹이 트면서 피는 꽃과 연초록 색의 연약한 나뭇잎을 보고 즐거워하며 생명의 신비를 느낀다.

최초에 생명체가 어떻게 탄생했을까? 정말 신이 창조한 걸까? 진화론에서 주장하듯이 그야말로 우연히 무기체에서 유기체가 된 걸까? 약 39억 년 전에 이 지구상에 처음 등장한 최초의 생명체는 그린란드에서 발견된 단세포 박테리아였다고 한다. 이 원시 박테리아에서 시작된 진화의 거대한 물결이 39억 년이라는 시간이 흐른 후에 인간을 만들어냈다는 것이다.

여러 동물, 식물 및 아직도 그 형태를 유지하는 원시 형태의 박테리아 등을 포함해서 현재 이 지구상에 존재하는 생명체는 몇 종이나 될까? 지금까지 밝혀진 바로는 우주에서 지구 외에 생명체가 있는 행성은 없다고 한다.

우리는 많은 생명체와 어울려 살아가고 있다. 개나 고양이 등 애완 동물과 정을 나누기도 하고 소, 돼지, 닭 등의 가축이나 텃밭의 오이, 상추, 고추, 호박 등 채소류를 식생활에 활용하며 함께 생활하고 있다. 사람에게 도움이 되지는 않지만 한 집에서 같이 살고 있는 파리, 모기, 벌, 개미 등도 사람들과 접촉이 많은 곤충들이다.

다음 이야기들은 우리가 흔히 경험할 수 있는, 우리 주변의 생명체들에 얽힌 이야기들이다.

파리와 모기와 벌

세상에서 제일 미운 곤충!
파리처럼 날아와서
모기처럼 쏘고 가다

초등학교 5학년 때 같은 성당에 다니는 동제가 물었다.
"야, 너는 어떤 동물이 제일 밉냐?"
"무어? 그게 무슨 소리야? 미운 동물이 어디 있어?"
"아니, 동물 말고. 곤충 중에서."
"아무리 곤충이라도 그렇지. 밉고 말고가 어디 있나?"
밑도 끝도 없이 느닷없이 미운 곤충이라니 이해가 가지 않았다. 곤충이든 동물이든 사람하고 오고가는 감정이 있어야 밉고 곱고가 있지 곤충하고 사람하고 무슨 감정이 있다고?
"나는 말이야. 거 파리하고 모기란 놈들이 미워 죽겠어."
"아하, 난 또 무슨 소리라고. 그거야 나도 그렇지."

여름이면 우리들 집에 항상 같이 있으면서 얼마나 성가시게 하는 놈들인가? 파리란 놈이 얼굴이나 팔다리 등에 앉으면 간지럽고 귀찮아 죽겠는데 날쌔기는 또 얼마나 날쌘가? 우리를 귀찮게 할 뿐만 아니라 시궁창이나 변소 등 온갖 더러운 곳에 앉았다가 우리 밥 위에 앉기도 하니 이런 더러운 놈이 또 어디 있나? 이 녀석은 워낙 날쌔서 쉽게 잡을 수도 없으니 정말 귀찮은 녀석, 미워 죽을 놈이지. 모기는 또 어떻고? 이 놈은 나는 게 파리보다는 느리니 잡기는 좀 낫지만 그래도 쉽지는 않다. 모기한테 한번 물리면 아까운 피를 빼앗기기도 하지만 당장 부어오르고 따갑고 아프니 이 놈 또한 얼마나 미운 놈인가? 더구나 모기란 놈은 뇌염이다 뭐다 해서 병원균도 많이 옮기니 밉기로 치면 파리보다 모기가 더 밉지. 그래, 네 말이 맞다.

"야, 동제야. 근데 말이야. 모기하고 파리하고 합쳐 놓으면, 그 놈은 얼마나 더 미울까?"

"뭐? 그런 것도 있나?"

파리의 날쌤과 모기의 공격을 합쳐 놓으면? 파리처럼 날쌔게 날아와서 모기처럼 소리도 없이 피를 빨아먹고 간다면? 이건 그야말로 밉고도 미운 놈일 거다. 모기란 녀석이 우리 몰래 팔뚝의 피를 빨아먹을 때 따끔한 순간, "앗, 따거!" 외침과 동시에 손바닥으로 팔뚝을 치면, 그 놈은 빨아먹었던 핏자국을 남기고 몸이 산산조각이 나면서 죽으니 그래도 원수나 갚지, 모기처럼 살짝 날아와서 피를 빨아먹고는 파리처럼 잽싸게 날아가 버리면 그 놈을 때려잡지도 못해 얼마나 억울할까?

그런 놈이 있기는 있다. 바로 벌이란 놈이다. 그런데 다행인 것은 벌은 파리나 모기와 달리 우리 주위를 맴돌지는 않는다. 먼저 공격 받지 않는다면 사람들을 먼저 쏘지는 않으니, 얼마나 다행인가?

그런데 모기가 사람을 무는 모습을 본 적이 있는가? 나는 본 적이 있다.

초등학교 3학년 무렵, 어느 여름날 밤이었다. 그 날도 안방에 모기장을 치고 잘 준비를 했다. 모기장은 모기는 들어오지 못하게 막아주지만 바람은 잘 통하니 안방에 모기장을 치고 문을 다 열어놓고 자는 것이다. 어느 날 저녁 모기장을 치고 그 안에 앉아 있는데 바깥에서 모기란 놈이 한 마리 왜앵~~ 날아오더니 모기장에 착 붙어 앉았다. 그 놈을 때려 잡으려다가 갑자기 호기심이 생겼다.

'모기가 못 들어오게 막으려고 모기장을 쳤는데, 저 놈이 과연 들어올 수 있을까?'

나는 모기를 때려잡는 대신 가만히 두고 보았다. 그랬더니 그 놈은, 모기장에 달라붙은 채로 잠시 가만히 있더니 이윽고 모기장에 직각으로 몸을 세웠다. 그런 다음 날개를 뒤로 접어 몸을 일자(一字)로 만들었다. '모기장 구멍을 통과하기가 쉽겠다' 고 생각하는 순간 그 놈은 모기장 구멍에 머리부터 먼저 집어넣고 살살 기어서 구멍을 너무나 쉽게 통과해서는 다시 날개를 펴고 소리도 없이 날아서 반대편 모기장에 가서 착 들어붙듯이 앉았다.

'햐, 이 놈! 너무 쉽게 들어오네. 모기장이 소용 없구나.'

나는 그 모기를 때려잡으려다 말고 어떻게 하는지 두고 보기로 했다. 잠시 반대편 모기장에 앉아있던 그 놈은 다시 날아오르더니 이번에는 나한테서 좀더 가까운 모기장으로 날아가 앉았다.

'이 놈 봐라. 날 물려고 나한테 가까이 오나?'

계속 그 놈을 지켜보았다. 몇 번 자리를 옮기던 녀석이 드디어 소리 없이 날아와서는 내 왼 팔뚝에 앉았다. 나는 그 놈을 때려잡는 대신 가만히 내려다보았다. 녀석이 어떻게 사람 피를 빨아먹는지 보고 싶었던 것이다. 내 팔뚝에 앉은 그 놈은 먼저 주둥이에서 가느다란 침을 삐죽이 내밀었다. 한 3밀리미터 정도 될까? 그리고 그 놈은 마치 물구나무서듯이 몸을 수직으로 세워 내 팔뚝에다 침을 직각으로 갖다댔다. 드디어 침을 내 팔뚝에다 꽂았다. 침이 끝까지 다 들어가도록 나는 아프지도 않았고 어떤 감각도 없었다. 삼시 뒤 피를 다 빨아들인 녀석이 침을 뽑는 순간, 따끔한 감각이 왔다.

"앗, 따거!"

나는 즉시 그 모기놈을 때려잡았다. 모기는 내 팔뚝 위에서 몸이 완전히 문드러지며 빨간 핏자국을 남겼다. 걸레로 팔뚝의 모기 시체와 피를 닦아내고 잠시 지나자 모기에 물린 곳이 부풀어 올랐다. 지름이 약 1센티미터는 되는 것 같았다.

파리나 모기 등은 사람한테 해로운 곤충이다. 파리란 놈은 온갖 지저분한 데를 다 옮겨다니며 사람한테 해로운 병균들을 전파하니 사람 주위에 얼씬하게 만들어서는 곤란하다. 모기란 놈은 더 말 할 필요도 없다. 어릴 적 그 당시에도 일본 뇌염 모기 경보 등을 발령하면서 모기에 대한 경계심이 철저했는데 아직도 모기를 완전히 퇴치하지 못하고 오히려 더 무서운 병을 옮기는 놈이 되고 말았다. 이렇게 인간의 입장에서 파리와 모기를 보면 우리에게 병을 옮기고 피를 빨아먹고 심지어는 목숨까지도 앗아가는 밉고도 미운 놈이다.

　한편, 파리와 모기의 입장이나 자연의 시각으로 이들을 보면 어떨까? 이 들이 자신들의 행위가 사람에게 해가 된다는 것을 알고 있을까? 모기의 경우를 보자. 모기도 우리 인간과 마찬가지로 이 지구상에 살고 있는 수십, 수백만 종의 생태계를 이루고 있는 생물 중의 하나다. 생명체가 번식하는 것은 본능적인 것. 모기가 번식하기 위해서는 혈액성 먹이를 필요로 한단다. 그래서 사람을 무는 모기는 암컷이고 이들은 자신들이 낳은 알을 성숙시키기 위해 다른 동물의 피가 필요한 것이다. 그런데 사람, 특히 어린 아이들의 피를 이 놈들이 좋아하고 또 냄새도 잘 맡는다고 하는데, 다른 동물들의 피를 빨다가 또 사람을 물다보니 병원균을 옮기게 되고 사람들에게 치명상이 되는 것이다.

　모기! 그 놈들이 사람들에게 해를 주기 위해서가 아니라 자신들이 생명체의 본능에 따라 번식하려다 보니 동물의 피가 필요한 것이다. 그런데 모기 중에서는 사람이 아닌 다른 동물들의 피를 빨아 먹고 사는 놈들도 있을 것이다. 사람 피를 좋아하는 모기들을 모두 박멸하여 도태시킨다면, 이는 자연선택인가 인위적 선택인가? 그런데 아직도 우리는 사람들에게 피해를 주는 모기들을 완전히 도태시키지 못했다.

개미들의 행진

일렬로 줄을 맞춰
양쪽 개미 구멍을 오가는 개미들에게
커피 포트의 뜨거운 물을 주욱 따라 붓있다

몇 해 전 초등학교 총동창회 운동회에 참가했다가 친구 A한테서 들은 얘기다. 각 기수별로 학교 운동장 주위에 텐트를 치고 오랜만의 재회를 즐기며 이야기꽃을 피우고 있는 중에, 그 텐트 뒤쪽 한 켠에 수많은 개미떼들이 일렬로 분주히 오가고 있는 걸 보고 한 녀석이 장난 삼아 그 개미들을 발로 처분하려 하자 A가 그걸 제지하며 자신의 친구 B의 얘기를 했다.

친구 B가 고등학교를 막 졸업하고 고향의 어느 중소기업에 사무원으로 근무하고 있을 때였다. 점심을 먹고 난 후, 따뜻한 햇볕을 쬐며 창가에서 해바라기를 하고 있던 B의 눈에 개미들이 보였다. 회사 담벼락 어느 지점 두 곳을 왕복하고 있는 한 무리의 개미들을 본 것이다. 그 개미들은 조그마한 개미굴 양쪽을 분주히 오가고 있었다. 이걸 본 B는 갑자기 장난끼가 발동했다. 20세 전후의 발랄하고 명랑한 아가씨일 때니 쇠똥이 굴러가는 걸 보고도 '까르륵' 숨 넘어가는 웃음을 토해내는 시절이 아니던가. B는 즉시 커피포트에 물을 가득 끓였다. 그리고는 펄펄 끓는 물이 가득 담긴 커피포트를 들고 개미들에게로 달려갔다. 장차 무슨 일이 일어날 것인지 전혀 눈치를 못 채고 있는 개미들은 여전히 분주하게 양쪽 개미굴을 왕복하고 있었다. B는 장난스럽게 그 개미들에게 펄펄 끓는 뜨거운 물을 주욱 부었다. 이 쪽 개미굴에서 저 쪽 개미굴까지 개미들 위로 뜨거운 물폭탄을 퍼부었던 것이다. 심지어 양쪽 개미굴 안에까지 뜨거운 물을 쏟아 부었다. 일망타진! 그리하여 몇 마리인지는 모르지만 그 많은 개미들은 한 마리도 살지 못하고 완전히 전멸하였다!

친구 B는 혼자서 통쾌하게 웃으며 다시 사무실로 돌아왔다. 죽은 개미들 시체는 발로 쓰윽 문질러 담벼락 밑으로 처분한 뒤였다. 그러나 처음에는 통쾌했던 그 기분이 점점 사라지더니 자꾸 죽은 그 개미들 생각이 났다. 개미들은 그때 무얼 하고 있었을까? 무언가를 입에 물고 왔다갔다 하던데, 그게 무얼까? 아마 식량이겠지. 그 개미들도 먹고 살려고 그렇게나 애를 쓰는구나. 여왕개미한테 갖다 줄 식량일까? 여왕개미는 수많은 수컷개미 중에서 한 놈하고만 교미를 한다고 하지? 그러면 그 여왕개미는 알을 낳고 거기서 또 개미들이 태어나고……. 아, 그러면 나는 얼마나 많은 개미를 죽인 것인가?

여기까지 생각하자 친구 B는 개미에게 미안한 생각이 들었다. 고개를 들어 담벼락 쪽을 바라다보았다. 그렇다고 죽은 개미들이 살아 돌아올 수는 없는 일. 그녀는 단지 장난으로 아무 생각 없이 한 행동이지만 개미집단 전체가 몰살당했다는 것을 생각하니 괜히 그랬다 하는 죄책감이 들었다. 단지 장난으로 개미한테 한 행동이어서 별 것 아니라고 자위하기도 했지만 시간이 지날수록 개미에 대한 생각이 없어지지 않고 자꾸만 죄책감이 들어 견딜 수가 없었다. 나중에 성당에 입문하게 된 B는 영세를 받을 때 몇 년 전의 그 '개미 학살' 사건을 결국 고백성사를 통해서 신부님한테 다 털어놓았다. 그렇게 고백성사를 보고 나니 맘이 편해졌다는 것이다.

A에게서 이 이야기를 들은 동창들은 다들 크게 웃었다. 그러나 다들 맘이 편하지는 않은 것 같았다. 아마 비슷한 경험은 누구나 있을 것이다. 나도 어릴 때 그런 개미들의 행진을 여러 번 봤고 그 중 몇 번은 B처럼 끓는 물은 아니지만 발로 쓰윽 문질러 '응징'을 했던 경험이 있다. 어린 나도 그 후에 썩 좋은 기분은 아니었다고 기억한다. 나한테 그 개미들을 '응징' 할 권한이 있는가? 그 개미들이 내게 어떤 잘못을 했기에 내가 그들을 '응징' 한다는 말인가? 사람들은 우리보다 힘이 약한 동물들을 마음대로 처분해도 되는가?

개미의 입장, 즉 자연의 시각에서 보면 이건 확실히 불공평하다. 개미도 생태계를 이루고 있는 동물군 중의 한 개체이다. 그들은 단지 자신들의 삶의 한 방편으로 그렇게 일렬 행진을 할 필요성이 있었을 것이다. 개미는 2차원 세계의 동물이다. 땅 위를 부지런히 기어다닐 뿐, 머리 위의 세계가 어떤지 전혀 모른다. 그런 개미들에게, 머리 위에서 뜨거운 물벼락이 떨어졌으니, 그런 상황이 발생할 수 있다는 걸 상상이나 할 수 있었겠는가? 생태계의 자연 환경에서는 전혀 일어날 수 없는 예기치 못한 공격을 받고 개미들이 전멸한 불공평한 일이 벌어진 것이다. 생태계 내에서 다른 동물들과 어울려 서로 도움을 주고 받거나, 아니면 먹이사슬 속에서 서로 먹고 먹히는 과정에서 일어날 수 있는 사건이 아니기 때문이다. 개미들에게는 그야말로 천재지변인 셈이다.

외계인의 침입을 다룬 공상 과학 소설이나 영화들이 많이 있다. 2차원 세계의 개미들이 3차원 세계의 인간에게 공격 당했듯이, 만약 그 어떤 초월적 존재가 있어 우리를 공격한다면 우리도 개미처럼 깨끗하게 당하는 수밖에 다른 도리가 없다. 나도 어릴 때 죄 없는 개미들을 발로 문질러 '응징' 했던 것을 고백성사를 봐야 하나?

〈워낭 소리〉

일소를 운전할 때 쓰는 용어!
"어디어디!"
"노루노루!"
"워! 워!"

워낭 소리라는 다큐멘터리 영화를 봤다. 늙은 농부와 그 농부의 늙은 소가 자연과 어울려 30년 이상을 같이 살면서 친구 이상의 정을 나누고 교감하는 모습이 정말 좋다.

우리 집에서도 어릴 때 소를 길렀다. 쟁기를 끌며 밭고랑을 갈고 써래를 달고 모내기 할 무논을 고르게 했다. 추수한 뒤의 볏짚단도 져 날랐다. 정말 일을 잘했다. 물론 우리 소도 워낭을 달고 있었다. 그러나 우리는 그걸 워낭이라 부르지 않고 '핑그랑' 이라고 불렀다. 목에 달린 그 놈이 소가 목을 움직일 때마다 '핑그랑, 핑그랑' 울려대니 그냥 그 소리가 이름이 된 거다. 철 들면서 내가 하는 일은 오후에 소 풀을 뜯기는 것이었다. 오후 서너 시 경이 되면 누가 시키지 않아도 내가 소를 마구간에서 끌어낸다. 그 큰 소는 어린 내가 고삐를 잡고 몰아도 말을 잘도 듣는다. 전혀 싫다는 행색도 내지 않고 그렇다고 서두르지도 않고 천천히 뚜벅뚜벅 소는 제 스스로 알아서 가던 길을 간다. 우리 동네 골목길을 빠져나와 뒷산으로 가는 것이다. 집에서 기르는 강아지는 〈베스〉라는 이름이 있는데 이 소는 이름도 없다. 그냥 소다. 소는 길을 가면서도, 마구간에 앉아서도 끊임 없이 아래턱을 움직이며 되새김질을 한다. 위 속에 넣어 두었던 먹이를 다시 꺼내서 또 씹는다. 아래턱을 움직이는 것이 독특해서 소가 앉아서 되새김질을 할 때 가만히 보았다. 먹이를 씹고는 입을 벌려 아래턱을 왼쪽으로 최대한 보냈다가 다시 위로 올려 윗니와 아랫니로 먹이를 씹고 다시 아래턱을 왼쪽으로 보낸다. 이 모습을 정면에서 보면, 소는 아래턱을 시계 반대 방향으로 회전시키면서 되새김질을 한다. 물론 소의 입장에서는 시계 방향으로 아래턱을 회전시키는 것이지만 소가 그걸 알 리는 없다. 언젠가 수업 시간 중에 소의 되새김질에 대해서 배웠는데 선생님이 소의 되새김질을 흉내 내보라고 하셨다. 나는 소의 입을 관찰해봤으니 너무도 잘 알지. 내가 소의 입놀림대로 아랫턱을 움직이자 선생님이 말씀하셨다.

"유수가 제일 잘 하네."

그렇게 소를 몰고 가다보면, 이 녀석은 길 옆의 풀들을 뜯어 먹은 뒤, 되새김질을 하면서 뚜벅뚜벅 걸어간다. 목적지인 뒷산의 풀이 많은 지역에 풀어 놓으면 제 혼자서 풀을 찾아 먹으면서 서서히 이동한다. 뛰어가지도 않고 멀리 도망가지도 않으니 고삐를 잡고 있을 필요도 없다. 소가 가는대로 그대로 내버려 두고 나는 가져 간 동화책을 읽는다. 한참 책에 빠져 있다가 문득 고개를 들어보면 소는 저만큼에서 여전히 풀을 뜯고 있다. 소 가까이 다가가 옆에서 또 책을 읽고 있으면 소는 내가 오든 말든 전혀 상관하지 않고 여전히 풀 뜯어먹기에 정신이 없다. 어둑어둑해질 쯤이면 소를 끌고 집으로 온다. 두세 시간이나 풀을 뜯고도 아직도 모자라는지 돌아오면서도 길 옆의 풀들을 줄기차게 먹으면서 온다. 이 녀석은 우리 집이 어딘지도 아는 것 같다. 오른쪽으로 또는 왼쪽으로 몰지 않아도 우리 집 가는 길을 잘 찾아간다. 그렇게 집에 오면, 쌀 씻고 버린 쌀뜨물을 엄마가 한 바께스 받아놓고 있다. 풀 뜯어먹느라 목이 얼마나 말랐는지 이 녀석은 힌 바께스의 쌀뜨물을 쉬지 않고 다 들이킨다. 그런 다음엔 고개를 돌리고 제 마구간을 찾아 들어가 앉아서 다시 되새김질을 한다. 그러면 나는 소 고삐를 말뚝에 매어 놓는다. 이렇게 매일 소 풀 뜯기러 다니다 보니 이 녀석도 나를 알아보는 것 같다. 시간이 되어 내가 마구간으로 들어가면 고삐도 풀기 전에 제가 먼저 일어서는 것이다. 이것이 반사운동인가 아니면 진짜 나를 알아보는 것인가.

　여름 어느 날, 그 날도 나는 뒷산에서 소를 뜯기고 저녁 쯤에 소를 앞세우고 집으로 돌아가는 길이었다. 뒷산에서 내려와 우리 집으로 가는 길가에 담이 없는 집이 있었다. 여름에 더우니 그 집 사람들이 길가 마당에 펼친 멍석 위에서 저녁을 먹고 있는 중이었다. 우리 소가 지나가다가 그 집 밥상 쪽으로, 오른쪽으로 머리를 돌리려 했다.
　"어딧어딧!"
　나는 즉시 쥐고 있던 소 고삐로 소의 오른쪽 옆구리를 치면서 소리쳤다. 소는 오른쪽으로 머리를 돌리려다 말고 다시 똑바로 길을 따라 뚜벅뚜벅 걸어갔다. 소가 오른쪽으로 고개를 돌리면 바로 그 이웃집의 밥상에 닿기 때문에 나는 그걸 방지하기 위해 소를 왼쪽으로 몰았던 것이다.

소를 몰기 위해서는 소를 전진과 후진, 좌, 우회전을 시킬 줄 알아야 한다. 모내기를 하기 위해서 이웃집 아저씨가 우리 소를 몰면서 써래질을 하셨다. 나는 논둑에서 구경하고 있었다. 소의 고삐는 보통 오른손으로 잡고 소를 몬다. 그 아저씨도 오른손으로 고삐를 잡고 소를 몰았다. 즉, 소의 코뚜레에 연결된 고삐는 소의 오른쪽 옆구리를 지나 소를 모는 아저씨의 오른손에 연결된다. 가만히 보니, 소를 오른쪽으로 회전시킬 필요가 있는 경우 그 아저씨는 우측에 있는 소 고삐를 살살 당기면서, 즉 우측으로 소의 머리를 잡아 당기면서 "노루노루, 노루노루" 하는 것이었다. 소를 우회전 시키는 용어는 "노루노루"였던 것이다. 그럼 좌회전 할 때는 어떤가? 소를 좌회전 시킬 때 그 아저씨는 소 고삐로 소의 오른쪽 옆구리를 찰싹찰싹 치면서 "어듸어듸 어듸어듸"라고 했다. 그러자 소가 천천히 좌측으로 몸을 틀어서 써래를 끌고 갔다. 소를 좌회전 시키는 용어는 "어듸어듸"였다. 가끔 아저씨가 "어듸어듸" 했음에도 소가 말을 안 들을 경우에 아저씨는 소 고삐를 소의 왼쪽으로 훌쩍 넘겨서 소의 머리를 왼쪽으로 향하게 고삐를 당긴 후 소를 몰기도 했다. 그때 봤던 "어듸어듸"가 생각나서 이웃 집 마당의 밥상으로 소가 머리를 돌리려는 순간, 나는 소를 왼쪽으로 회전시키기 위해 "어듸어듸" 하고 외치면서 소 고삐로 소의 옆구리를 찰싹 때렸던 것이다.

그럼 소를 전진시킬 때와 정지시킬 때는 어떻게 하는가? 이건 아마 모든 사람들이 다 알 것이다. 전진시킬 때는 고삐 끝으로 소의 엉덩이를 찰싹 치면서 "이랴!" 하면 소는 앞으로 나아간다. 좀 더 세게 치면서 "이랴, 이랴!" 하면 뛰어가기도 한다. 그럼 정지시킬 때는? 그때는 소의 고삐를 뒤로 당기면서 천천히 "워, 워!" 하면 소는 그 자리에 선다. 그런데 소를 후진시킬 때는 어떻게 하는가? 소를 이용해서 밭을 갈다 보면, 밭고랑을 잘 못 파서 소를 후진시켜 다시 해야 할 때가 있다. 소를 후진시킬 때는 우리 말로 특별한 용어가 없는 것 같다. 그냥 소 고삐를 뒤로 잡아당겨 소를 뒤로 끌면서 "빠꾸빠꾸"를 외친다. 그러면 소는 코에 걸린 코뚜레 때문에 아파서 그런지 그냥 뒤로 물러선다.

"이랴!"

"워, 워!"

"노루노루!"

"어듸어듸!"

"빠꾸빠꾸!"

소를 몰기 위해서 알아야 하는 용어들이다. "빠꾸"는 영어 back의 일본식 발음이니 소몰기의 정상적인 용어는 아닌 것 같다. 나머지 용어들의 어원은 모르겠지만 소를 전진, 정지, 우회전, 좌회전 시킬 때 사용하는 용어들이다.

그렇게 나는 초등학교 2학년 때부터인가? 언제인지도 모를 어릴 적부터 중학교 3학년까지 소를 뜯기러 다녔다. 소가 나를 알아보는 것 같기도 했고 집 가는 길로 몰지 않아도 우리 집을 제 스스로 잘 찾아가고 했지만 우리 소와 나의 친분 관계는 〈워낭 소리〉에 나오는 할아버지와 소 같지는 못했다.

생명의 탄생

강아지가 태어날 때
머리가 먼저 나올까?
다리가 먼저 나올까?

소가 새끼를 낳는 걸 본 적이 있는가? 나는 봤다. 역시 언제인지도 모를 어릴 때지만 내가 소를 뜯기러 다니기 전인데, 무슨 일인지 바깥이 소란스러웠다. 아버지와 이웃집 아저씨들 몇 분이 마당에서 우리 소를 붙잡고 있었다. 엄마는 부엌에서 역시 무언가 바쁘게 일을 하고 있었다.

"엄마, 왜 그래?"

나는 엄마에게 물어보았다.

"우리 소가 새끼 낳으려고 그래. 넌 방에 들어가 있어."

그래서 나는 안방으로 들어와 문을 닫았다. 나는 내가 봐서는 안 되는 줄 알았다. 그러나 궁금해서 견딜 수가 없어서 방문에 난 구멍으로 바깥을 가만히 내다보았다. 이웃집 아저씨 두 분이 소 꼬리를 잡고 무얼 하고 있었다. 아저씨가 등을 돌리고 있었기 때문에 무얼 하시는지는 보이지 않았다.

계속 문구멍으로 바깥을 주시하던 나는 깜짝 놀랐다. 갑자기 어디선가 송아지 한 마리 뛰어나오더니 마당을 그냥 뛰어다니는 거였다. 아니, 송아지는 낳자마자 그냥 막 뛰어다니네? 사람은, 애기 때는 아무 것도 모르다가 돌이 되어야 간신히 일어서서 걷는데 송아지는 태어나자마자 그냥 막 뛰어다니는 거였다. 그렇게 태어난 우리 송아지는 한동안 엄마 소를 졸졸 따라다니다가 어느 날 내가 모르는 사이에 사라졌다.

사람은 태어날 때 머리부터 나온다. 송아지도 머리부터 나올까? 어릴 때 본 송아지는 갑자기 나타나서 뛰어다녔기 때문에 내가 직접 보지는 못했다. 그런데 강아지는 다리부터 나온다. 우리 집에서 기르는 햇살이가 새끼 낳는 걸 아내와 내가 직접 받았다.

98년 말 우리는 태어난 지 겨우 40일 정도 밖에 안 되는 암컷 마르티스를 한 마리 들여왔다. 이름을 햇살이라 짓고 그야말로 애기를 키우듯이 보살폈다. 3년 정도 지나니 이 녀석이 시집을 가고싶어 했다. 그래서 곱게 단장해서 어느 농장으로 보냈더니 성공했다면서 일주일 만에 돌아왔다. 배가 점차 불러오면서 새끼 낳을 때가 다 되어가니 녀석이 좀 힘들어 하는 것 같았다.

당시는 내가 부산지점에 근무하면서 주말부부 생활을 할 때였다. 그래서 나는 아내에게 햇살이가 분만을 할 때 동물병원에 데려가라고 했다. 필요하면 예약이라도 미리 해 놓으라고. 아내는 그걸 어떻게 미리 알고 예약을 하느냐고 했다. 하긴 그렇지. 분만 시기를 알 수가 없지. 아내는 혹시라도 주중에 내가 없을 때 햇살이가 새끼를 낳게 될까 봐 걱정이었다.

그러던 어느 토요일, 내가 집에 와 있을 때였다. 저녁을 먹고 나니 녀석이 낌새가 이상했다. 어딘가 자꾸 구석을 찾아 들어가서 앞발로 마구 땅을 파는 시늉을 하는 것이었다.

"저 봐. 쟤가 지금 새끼 낳으려고 자리 찾는 거야. 이걸 어째?"

"아니, 그럼. 빨리 동물병원에 연락해 봐."

"이 밤중에 누가 병원에 있다고, 참내!"

아내는 병원에 연락할 생각은 않고 햇살이가 들어가 누워있는 장롱과 벽 사이 구석에다가 자리를 펴고 햇살이를 앉게 했다. 햇살이는 계속 헉헉대며 힘들어했다. 그 사이에 아내는 물을 끓이고 가위를 준비했다. 가위도 뜨거운 물에 넣고 끓여서 소독도 마쳤다. 그렇게 햇살이 새끼를 받을 준비를 했다. 나는 그동안 햇살이 옆에 앉아서 힘들어하는 녀석의 머리를 쓰다듬어 주는 것 말고는 할 일이 없었다. 그러는 사이 시간이 훌쩍 지나 자정이 넘었다. 아내와 나, 햇살이 모두 힘들어하는 중에 드디어 햇살이가 분만을 시작했다.

"앗, 강아지는 발부터 나오네?"

작고 빨간 강아지 뒷발 두 개가 아주 앙증맞게 나오기 시작했다. 너무 작다. 그러나 너무 신기했다. 아내도 흥분하며 햇살이 배를 살살 주물러주었다. 차츰차츰 엉덩이가 나오고 허리가 나오고 앞발이 나오고 드디어 머리까지 쑥 나왔다. 10센티미터 정도 될까? 눈도 뜨지 못하고 푹 젖어있는, 작고도 작은 새 생명체를 아내는 손바닥에 조심스럽게 받아들고 탯줄을 가위로 잘랐다. 그리고는 드라이기로 새끼를 말리기 시작했다. 나는 조심스러워 그 강아지를 만지기도 어려웠다. 그러는 사이 햇살이가 또 진통을 시작하고 두 번째 녀석이 태어났다. 아내가 그 두 마리를 말리고 돌보는 사이에 햇살이는 세 번째 녀석을 낳고 탯줄도 제 스스로 잘랐다. 햇살이가 탯줄을 어떻게 자르는지는 보지 못했다. 그렇게 그 날 밤, 아내와 나는 전문가가 아니면서도 세 마리의 강아지를 무사히 받아냈다.

누가 시키지 않았는데도 햇살이는 제 새끼들을 잘 돌보는 것 같다. 새끼가 젖을 찾을 때면 조금도 싫어하는 기색 없이 뒷다리를 번쩍 들어 젖을 내준다. 계속 꽁무니 냄새를 맡고 핥아주기도 한다.

새끼들이 어느 정도 자란 어느 날, 그 세 놈을 분양시켰다. 처남네로, 처형네로, 친구네로. 새끼들이 떠난 그 날 햇살이는 종일 창밖을 내다보며 짖어댔다. 내 마음도 아팠다. 사람이나 짐승이나 제 새끼 예쁘기는 마찬가지일 텐데 그걸 갈라 이산가족을 만들었으니. 햇살이는 얼마나 슬펐을까?

얼마가 지난 뒤 가족 모임에서 햇살이와 두 강아지들이 만났다. 서로 알아볼까? 알아보는 것 같기도 하고 모르는 것 같기도 하고. 햇살이는 두 마리 중 어린 딸(암컷)을 알아보는 것 같다. 계속 녀석을 쫓아다니며 냄새를 맡고 꽁무니를 핥아주는 등 귀여워 어쩔 줄을 모르는 것처럼 행동한다. 딸 녀석은 어미를 모르는지 오히려 귀찮아하며 귀여워

하는 어미한테서 도망치기에 바쁘다. 한편, 아들(수컷) 녀석은 제 어미를 보자마자 냄새를 맡더니 어미도 몰라보고 그냥 뒤로 돌아가 올라타기에 바쁘다. 그러다가 냅다 소리지르는 제 어미한테 놀라 쫓겨 도망쳤다가는 다시 돌아와 또 시도한다. 쳇!

Just Leave It!

자연은 스스로 복원 능력이 있어서
가만히 내버려두기만 하면
훼손되었던 자연도 스스로 제 모습을 찾게 된다

1997년 싱가폴 국립대학교 MBA과정 재학 시절, 지구환경 문제에 관해 토론할 기회가 있었다. 이산화탄소의 배출이 많아지면서 지구는 점점 온난화 되어가고 있고 남극과 북극의 오존층이 뚫려 자외선이 지구로 쏟아져 들어오고 지구상의 자연림도 계속 훼손되어 가는 등 자꾸만 파괴되어 가고 있는 지구의 환경을 어찌하면 보호할 수 있을까?

내 의견을 얘기했다. 환경 파괴의 주 원인은 바로 우리 인간들이다. 우리가 인간의 필요성에 의해 개발을 지속하는 등 지구 환경을 망치고 있지 않은가. 자연에게는 스스로 복원 능력이 있어서 인간들이 건드리지 않고 가만히 내버려두기만 하면 훼손되었던 자연도 스스로 알아서 제 본래 모습을 찾게 된다. 그러니 그냥 내버려 두라. Just leave it!

그러자 한 중국 여학생이 즉각 반론을 제기했다. 어떻게 자연을 그냥 내버려둘 수 있는가. 우리 인간들이 바로 자연과 함께 살고 있지 않은가. 자연을 그냥 내버려둔다면 우리는 어디서 어떻게 살 수 있는가. 우리가 적극적으로 개선 노력을 해야 한다. 그 방법을 찾아야 한다.

다시 내가 얘기했다. 그래, 그 말 맞다. 당연히 그래야 한다. 그런데 내 말을 들어봐라. 우리나라는 지금 남북이 분단된 채로 반 세기가 지났다. 나도 DMZ에는 못 가봤지만 거기 사진을 보고 얘기를 들어보면 인간의 발자국이 없으니 자연 그대로 생태계가 얼마나 잘 보호되어 있는지 아는가. 이런 예처럼 자연은 그냥 내버려두기만 해도 스스로 복원력이 있어서 잘 굴러가니 우리는 그저 자연을 해치지 않는 것만으로도 환경을 보호하는 것이다.

그날 토론은 우리가 적극적으로 환경 개선 방법을 찾아야 한다는 방향으로 결론이 났다. 다만, 농담으로 우리나라는 자연을 그냥 내버려두란다.

지구상에 있는 모든 식물과 동물, 그리고 강, 산, 바다, 우거진 숲과 호수 등 모든 자연환경을 우리는 왜 보호하자고 부르짖고 있는가? 지구상의 동식물과 자연환경이 스스로 자신을 파괴하고 스스로 망가지고 있는가? 그건 아니다. 이 지구는 살아있다. 스스로 번식하고 성장하고 균형을 맞춘다. 어느 한 쪽이 너무 번성하면 다른 쪽이 위축되었다가 먹이사슬 등 조절 기능을 통해서 번성했던 쪽이 위축되고 위축됐던 쪽이 다시 번성하면서 지구의 자연은 다시 균형을 맞춘다. 갑자기 어느 밀림에서 화재가 발생하면 드넓은 면적의 삼림을 모조리 태워버린다. 그렇게 황폐해졌던 자리에 작은 이끼나 풀들이 자라다가 나무가 번성하고 몇 백 년 뒤에는 다시 울창한 밀림으로 되돌아온다. 우리나라 DMZ의 사례 외에도 우리는 주변 산들의 등산로가 황폐해지면 2~3년간 등산로를 폐쇄해서 사람들의 출입을 막는 경우를 자주 본다. 2~3년 후에 개방된 등산로를 올라가보면 황폐해졌던 등산로 주변이 울창한 숲으로 회복된 모습을 볼 수 있다. 자연 가운데 잘 지어놓고 사람이 들어가 살 때는 멀쩡하던 집도 아무런 조치를 취하지 않은 채 일 년만 비워두면 마당에, 건물 사이사이에 이끼나 잡풀이 자라나고 벽이 갈라지고 물이 스며들어 금방 망가지고 만다. 자연의 복원 능력이다.

　이렇듯 지구는 스스로 자정 능력을 갖고 수십 억 년을 잘 발전해왔다. 지구 스스로 진화하고 발전해 온 것이다. 그런 지구의 환경을 해치는 게 누구인가? 인간 말고 자연 환경을 해치는 또 다른 존재는 없다. 우리 인간이 지구상에서 자연환경을 해치는 유일한 존재인 것이다. 인간도 자연의 일부임에도 불구하고 우리는 인간을 자연과 분리해서 보고 자연을 마음껏 훼손한 다음 다시 자연을 보호하자고 부르짖는다. 다음 사례는 어느 인터넷 신문에서 옮겨온 것이다.

　　　자연의 힘, 쓰레기장이 '유리 해변'으로 변해

　　　　미국 캘리포니아 주 북부 태평양 연안에 위치한 글래스 비치. 여느 해변에서는 쉽게 볼 수 없는 형형색색의 자갈들이 영롱한 빛깔을 뽐내는 이곳은 매커리셰르 주립공원을 찾는 관광객들에게 특히나 큰 인기를 끄는 장소이다. 한 가지 놀라운 것은 이 신비로운 해변이 불과 수십 년 전까지만 해도 악취가 진동하는 쓰레기장이었다는 사실이다.

20세기 초부터 인근 포트 브래그 시의 쓰레기 매립장 역할을 해왔던 이 곳은 주민들의 무단 쓰레기 투기와 소각이 공공연히 이뤄지던 장소. 이로 인한 바다 오염이 심각해지자 당국은 1967년 이곳을 폐쇄하고 수차례 쓰레기 정화 작업을 실시했다.

사람의 손길이 닿지 않은 지 40년이 지난 후 이곳은 눈에 띄게 달라진 모습으로 사람들 앞에 다시 모습을 드리냈다. 이곳에 버려진 수백만 개의 유리병 파편들이 바닷물과 모래에 씻기면서 마모되어 고운 색상의 작고 둥글둥글한 유리 자갈로 변신한 것.

해안가의 모래, 자갈들과 유리 알갱이가 섞여 신비로운 풍경을 만들어내는 이 곳은 결국 2002년 주립공원의 일부로 편입되어 관광명소의 역할을 톡톡히 해내고 있다.

그로부터 10년 후, 엘런 와이즈만이 쓴 〈인간 없는 세상〉이란 책을 만났다. 이 지구상에 살고 있는 약 70억 명이나 되는 인간이, 어느 한 순간에 몽땅 사라져 버린다면 지구의 자연 환경은 어떻게 변할까 하는 상상을 기반에 두고 기술한 환경 관련 서적이다. 이 책에 의하면,

지구에서 인간이 사라진 후

2일 : 펌프 작업이 중단된 뉴욕의 지하철역 침수
1년 : 고압전선의 전류로 매년 10억 마리씩 희생되던 새들의 번성
3년 : 도시의 따뜻한 환경에서 서식하던 바퀴벌레들 멸종
10년 : 벽에 간 금으로 흘러들어온 빗물로 인해 목조가옥부터 허물어지기 시작
10만년 : 지구온난화의 주범인 이산화탄소가 인류 이전의 수준으로 감소
30억년 : 우리가 상상도 하지 못할 갖가지 생명체가 지구상에 번성

물론 토론 시간에 내가 자연을 그냥 내버려두자고 했던 것은 우리가 훼손된 자연에 대해 아무런 조치를 취하지 말자는 것을 의미한 것은 아니다. 현 상황을 타개하기 위해 이산화탄소 배출량을 줄이는 방법, 오존층을 다시 복구하는 방법 등을 적극 찾아 환경을 복원해야 하는 것은 너무나 당연한 것인 만큼, 더 이상의 환경 파괴를 막기 위해서는 우리 인간이 환경 파괴의 주범임을 먼저 인식하고 자연에 대한 경외심을 갖자는 의미이다.

한 발 더 나아가서 생각해보면, 우리 인간이 어떤 존재이길래 자연을 보호하자고 할까 하는 의문도 든다. 인간은 자연과 구분되는, 자연보다 우월한 존재인가? 자연보호를 언급할 때 우리가 생각하는 자연

은 지구상의 산, 강, 바다, 숲 등 모든 환경과 지구 위에서 살고 있는 모든 생명체를 일컫는 좁은 의미의 자연이다. 지구는 약 43억 년 전에 생겨나 스스로 진화를 거듭해서 오늘날의 모습을 띠고 있다. 인간은 지구상에 겨우 약 3만 년 전에 태어나 지금의 모습으로 진화해왔다. 진화의 과정에서 공룡이 멸종되지 않았다면 현재 지구의 생명체는 어떤 모습일까? 만약, 공룡이 멸종되었듯이 인류도 완전히 멸종되었다면 지구의 생명체는 또 어떤 모습일까? 와이즈만이 언급했던 것처럼 우리가 상상도 못할 갖가지 생명체들이 지구를 뒤덮었을까? 현재의 우리 인간보다 더 뛰어난 종이 태어나서 자연보호를 외칠 필요가 없는 완벽한 지구를 이루고 있지는 않을까?

재미있는 상상이다. 다른 동물들과 달리 이성을 가진 인간이라고는 하나 우리 인간 자체도 자연에 포함된, 자연의 일부가 아닌가? 자연보다 우월한 시각에서 자연을 보호하자고 하기보다는 자연의 일부로 돌아가 자연 속에서 삶의 의미를 찾아보는 것이 필요하다.

호박잎과 잭크나이프

서로 아무 관련이 없는 호박잎과 잭크나이프!
문명의 이기가 너무도 쉽게
자연의 생명을 위협한다

양평으로 이사 후, 조그마한 텃밭에서 길러 먹는 채소맛이 아주 좋다. 상추, 깻잎, 가지, 고추 및 호박을 심었더니 물 주는 것 외에 특별히 돌보지 않아도 잘도 자란다. 아내가 올해 처음 시도한, 집에서 담은 된장에다 호박잎과 매운 고추를 넣고 끓였다.

"그래, 바로 이 맛이야."

어릴 때 시골에서 마당에 멍석 깔아놓고 저녁 먹을 때 먹던 된장맛과 똑같았다. 특히 호박잎 맛이 구수하고 좋았다. 호박잎으로 쌈을 싸서 거기에 된장국을 얹어 먹었다. 이 호박잎만 보면 생각나는 사건이 있다.

초등학교에 들어가기 전 어릴 때였다. 우리 집하고 담을 같이 쓰고 있는 뒷집에 용님이네 엄마라고 불리는 혼자 사는 할머니가 한 분 계셨다. 그 딸 용님이 누나는 나보다 나이가 스무 살 가량이나 더 많아 이미 시집을 갔으니 나는 그냥 뒷집 할매라고 불렀고 할매도 나를 상당히 귀여워 하셔서 나를 볼 때마다 웃으시며, 감이나 대추 등 먹을 것을 주시곤 했다.

그런데 어느 날, 옆집에 사는 갑식이 형이 자기가 갖고 놀던 조그마한 재크나이프를 내게 주었다. 접었다 폈다 하는 조그마한 그 재크나이프는 엄청나게 날카로웠다. 형이 그걸 갖고 놀 때면 무척이나 갖고 싶었던 그 나이프를 들고 나는 종일 접었다 폈다를 반복했다. 연필을 깎기에는 너무나 아까워서 뭐 달리 쓸 데도 없었다. 같이 놀 동네 아이들을 찾아 칼을 주머니에 넣고 뒷집 쪽으로 갔다. 이거 어디 써먹어볼 데가 없나?

문득, 뒷집의 담장에 죽 걸쳐 피어있는 호박잎들이 눈에 들어왔다.

'옳지, 저거다!'

주머니에서 재크나이프를 꺼내 날을 펼치고 눈 앞의 호박잎 줄기를 겨눴다. 가볍게 톡 쳤는데도 단번에 그 호박잎은 줄기에서 똑 떨어졌다. 나는 검도할 때처럼 자그마한 재크나이프를 눈앞에서 양손으로 감아쥐고 호박잎 줄기를 내리쳤다. '삭' 소리를 내며 호박잎은 땅으로 떨어졌다. 그걸 나는 평가했다. 이번 것은 안 좋아. 이번에는 잘했어, 등등. 어떤 호박잎은 줄기가 너무 길게 붙은 채로 잘렸고 어떤 것은 줄기가 너무 짧은 것 같고 어떤 것은 줄기가 직각이 아니고 비스듬하게 잘리곤 했던 것이다. 나는 호박잎에 줄기가 약 1센티미터 정도 붙어있도록, 직각으로 잘리도록 다시 겨냥했다.

'이번에는 정말 잘 해보자.'

나는 재크나이프를 눈앞에 감아세우고 정신을 집중해서 호박잎 줄기를 겨냥했다.

'1센티미터! 직각으로! 정확하게! 단칼에!'

"야야, 천딕이 아이가. 뭐하누?"

뒷집 할매가 삽짝문을 열고 우리 집 쪽으로 나오시다가 나를 발견하고는 어릴 때 내 별명인 천딕이를 부르며 말씀하셨다.

"엇?"

나는 놀라서 얼른 재크나이프를 접어 주머니에 넣으면서 뒷걸음질 쳤다.

"아니, 이 망할 눔의 자슥! 이기 무슨 짓이고, 엉?"

뒷집 할매가 내 뒤를 보고 소리쳤다. 나도 그제서야 뒤를 돌아다보았다.

"으악!"

나도 놀랐다. 내 뒤에는 내가 잘라버린 호박잎들이 스무나무 개나 떨어져 있었다. 그것도 나란히 줄을 맞춰 일렬로 떨어져 있었던 것이다. 뒷집 할매는 들고있던 바가지로 나를 내리쳤고 나는 재빠르게 피했다. 할매가 나한테 그렇게 화를 내시는 걸 처음 봤다. 뒷집 할매는 계속 나를 혼내시며 내가 잘라 떨어뜨린 호박잎들을 하나하나 바가지에 담아서 우리 집으로 들어가시더니 아버지와 엄마한테 큰 소리로 내가 한 일을 일러바쳤다. 뒷집 할매와 엄마, 아버지가 무어라 서로 큰 소리로 얘기하는 게 들렸다. 뒷집 할매는 나를 그대로 일러바쳤고 엄마 아버지는 뒷집 할매에게 용서를 비는 것 같았다.

'이거 큰일 났다.'

나는 잘못 한 게 있어 집으로 바로 들어가지 못하고 동네를 빙빙 돌다 틈을 봐서 집에 들어갔다. 엄마 아버지한테 한참 혼나고 다시 집을 쫓겨났다.

"뒷집 할매한테 가서 빌고 와!"

쫓겨나서 동네를 빙빙 돌았다. 바로 할매를 만나러 갈 엄두가 나지 않았다. 몇 바퀴 돌다가 뒷집을 살짝 들여다보니 할매가 안 계셨다. 나는 집에 와서 엄마한테 말했다.

"뒷집 할매 집에 없어."

그랬는데 그 뒷집 할매가 이사를 가셨다. 아마 딸네 집이나 아들한 테로 가셨겠지. 그게 50년 전 일이니 벌써 돌아가신 지도 오래 되었겠지. 호박잎만 보면 생각나는 뒷집 할매한테 그때 내 잘못을 빌지 못한 게 정말 죄송스럽다.

"할매! 천덕이가 잘못했어요. 용서해 주셔요."

하루살이의 멋진 하루

우리 시간으로 하루를 살더라도
하루살이는 자기 시간으로
평생을 산 거다

하루살이의 일생은 얼마나 길까? 우리 인간 시계로 하루를 살기 때문에 하루살이인 것 같다. 실제로 하루살이는 애벌레 시대로 2~3년을 보내고 성충이 된 후에는 길게는 3~4일 정도 산다고 한다. 초등학교 시절 어느 잡지에서 하루살이의 일생에 관한 동화를 읽은 기억이 있다.

어느 날 하루살이는 눈을 뜨고 잠에서 깨어났다. 긴 애벌레 시절이 끝난 것이다. 초여름의 아침 햇살이 이슬에 젖은 하루살이의 몸을 말려주었다.
'햇살이 참 따뜻하다…….'

갓 태어난 하루살이는 포근하게 내리쬐는 햇빛을 온몸으로 느끼고 있었다. 나뭇잎에 맺혀 있는 이슬을 빨아들였다. 햇빛을 받고 물을 먹으니 몸에 기운이 솟아나는 것 같았다. 이윽고 하루살이는 날개를 펴고 하늘로 날아올랐다. 찬란하게 빛나는 태양은 새 생명의 탄생을 축하하는 듯이 하루살이의 온 몸을 따뜻하게 덥혀 주었다. 아, 온 세상이 아래로 보인다. 눈에 보이는 모든 것이 새롭고 신기했다. 주위의 나무와 꽃들이 하루살이의 탄생을 축하해 주었다.

"하루살이야, 이리 오렴. 난 민들레야."

"예, 민들레님. 안녕하서요?"

하루살이는 민들레 꽃잎에 앉았다.

"여기는 햇빛도 잘 들고 물도 많아서 우리가 살기에 아주 좋은 곳이란다. 물론 너는 하루 밖에 살지 못하겠지만 말이야."

"민들레님은 참 예쁘시네요. 그런데 그게 무슨 말씀이에요?"

하루살이는 자기가 하루 밖에 살 수 없다는 것이 무슨 말인지 몰랐다. 하루살이는 더 넓은 세상을 구경하고 싶었다.

"민들레님, 안녕히 계셔요."

하루살이는 민들레 꽃잎을 떠나 하늘로 날아올랐다. 푸른 하늘과 하얀 뭉게구름도 하루살이를 반겨주는 것 같았다.

"하늘님, 구름님! 안녕하서요?"

온 몸으로 햇빛을 받으면서 하루살이는 기운차게 인사를 했다.

"저게 무얼까?"

문득 하루살이의 눈에 무언가 반짝하는 것이 들어왔다. 가까이 날아가 그 곁에 앉았다. 그것은 아직도 작은 뽕나무 잎에 앉아있는 이슬방울이었다.

"뽕나무님, 안녕하셔요? 목 좀 축이고 갈게요."

뽕나무 잎에 앉은 하루살이는 이슬방울로 목을 축였다. 뽕나무는 하루살이를 위해 이슬방울이 굴러 떨어지지 않도록 몸을 추스러 주었다.

"그래, 하루살이야. 많이 마시고 가렴."

뽕나무의 말에는 무언가 측은한 듯한 기분이 들어 있었지만 하루살이는 전혀 개의치 않았다.

"뽕나무님, 안녕히 계셔요."

하루살이는 뽕나무를 떠나 다시 세상 구경에 나섰다. 이 세상은 정말 넓기도 하구나. 사람들이 산다는 집 안으로 날아들었다. 개구쟁이 멍멍이가 하루살이를 보고 꼬리를 살랑살랑 흔들며 뛰어오른다.

"멍멍이님, 안녕하셔요?"

"음, 하루살이야. 넌 무얼 먹고 사니?"

"이슬을 먹지요. 아까 뽕나무님한테서 많이 얻어 먹었지요. 그런데 멍멍이님은 무얼 먹고 사나요?"

"우리 주인님이 맛있는 것들을 챙겨 주시지. 밥이랑 고기랑 생선이랑……. 하루살이야. 오래오래 살아라."

멍멍이님의 말에도 뭔가 애틋한 느낌이 있었지만 하루살이는 상관하지 않고 더 넓은 세상을 보기 위해 산뜻한 공기를 마시며 다시 날아올랐다. 태양은 어느덧 중천에 와 있었다. 하루살이에게는 태양과 이슬이 너무 고마웠고 그동안 만났던 민들레님도, 하늘도, 구름도, 공기도, 뽕나무님도, 멍멍이님도 모두 너무 좋았다.

"이 세상이란 정말 너무 좋은 곳이야."

하루살이는 이제 자신감을 가지고 온 세상을 날아다니며 보고 듣고 느끼고 즐겼다. 만나는 꽃 친구, 나무 친구, 동물 친구 등 친구마다 모두들 하루살이를 반겨주었고 아껴주었고 걱정해주었다. 드디어 하루살이는 늙은 황소 힐아비지 옆에 피곤한 날개를 접고 앉았다.

"황소 할아버지. 안녕하셔요? 저 오늘 많은 구경을 했어요."

"오, 그러냐? 어디 들어 볼까?"

하루살이는 황소 할아버지 옆에 앉아 오늘 보고 듣고 느꼈던 모든 것들에 대해 조잘재잘 얘기를 했다. 하루살이에게는 너무나 신기한 멋진 하루였다. 황소 할아버지는 하루살이의 얘기를 다 들어주었다.

"움메~~~ 하루살이야. 이 세상은 그게 다가 아니란다."

황소 할아버지 역시 애처로운 듯한 눈빛으로 하루살이를 내려다보았다. 그러나 하루살이는 전혀 상관하지 않았다.

'오늘 정말 멋진 하루였는 걸.'

태양이 서쪽으로 뉘엿뉘엿 저물어 갈 때 하루살이는 황소 할아버지 옆에서 눈을 감았다.

그렇게 하루살이는 인간의 시간으로 하루를 살다가 갔다. 우리 인간의 시계로 볼 때 하루살이는 하루 내지 사나흘을 살고 민들레는 3~4년을, 개와 소는 각각 15년 또는 30년 정도를 산다고 한다. 다들 우리 인간보다 평균 수명이 짧지만, 그들도 나름대로 평생을 살다 가는 것이다. 우리가 보는 하루살이의 하루는 하루살이가 보면 자신의 평생이다. 이 지구상의 모든 생명체에게는 자신에 맞는, 자신의 평생이 있어 그 평생 동안에 자신이 할 일들을 다 마치고 간다.

아버지와 빗자루
아버지와 막걸리
아버지와 에스컬레이터
'정말, 순, 진짜' 초보 운전
'코끼리 밥통 사건'의 재해석
야바위꾼과 나의 공통점
사람과 사람 사이
"넥스트!"
'횃불'과 '변강쇠'
빗맞은 골프 공
담배 꽁초의 공포
차량도 성격이 있다
한 수 앞을 내다보다
원효대사와 해골 바가지
구걸 영업 전략
구우일모(九牛一毛)의 다른 의미

사람은 다른 많은 사람들과 관계를 맺으며 살아간다. 제일 먼저 관계를 맺게 되는 가족부터 이웃, 학교를 비롯해서 군대, 사회 생활을 하며 더욱 많은 사람들과 관계를 맺으며 살아간다. 소위 말하는 혈연, 지연, 학연 등을 형성하게 되는 것이다.

부모와 자식 등 가족 관계는 기본적으로 사랑으로 맺어져 있으므로 자식이 허물이 있어도 부모는 감싸주고 겉으로 드러내어 나타내지 않더라도 부모는 자식을 보듬어주며 한없는 사랑을 보내고 있다. 아버지의 말없는 사랑을 우리는 언제 느낄까?

학교 및 군대 생활을 하면서 우정과 규율 등을 익히며 성장한 인간은 태어날 때의 유전적 요인과 함께 성장하며 체득한 경험과 습관을 바탕으로 하나의 개별 인격체를 형성하게 된다. 이렇게 완성된 인간은 그 스스로의 주관으로 이 세상 만물과 사람들을 보고 평가하고 판단을 내려 행동으로 옮기게 된다. 그때의 판단 기준은 무얼까?

누군가가 인생은 선택의 연속이라고 했다. 스스로의 선택이든 부모나 형제 등 다른 사람의 선택이든 우리는 살아가면서 수많은 선택을 하게 된다. 한 나무의 나뭇가지가 주위 환경에 적응해서 살아남기 위해 '유전자적' 판단으로 이리저리 갈라져 뻗어나온 것처럼, 우리도 살아남기 위한 '이기적인' 판단으로 여러 선택을 한 결과 우리의 인생길도 이리저리 굽이치게 되는 게 아닐까?

이 세상에서 가장 복잡한 존재는 바로 인간이다. '열 길 물 속은 알아도 한 길 사람 마음 속은 모른다'는 옛말이 있다. 한 사람, 한 사람 모두 각자의 판단으로 행동하며 살아가는 이 세상에서 서로 부대낄 때 일어날 수 있는 이야기들을 모아보았다.

아버지와 빗자루

아버지는 아들의 허물에도 허허 웃으시고
잘한 일에도 칭찬을 않으시지만
속으로는 다 알고 계신 듯하다

아파트 생활만 하다 전원주택으로 가니 집 밖에서 할 일이 많다. 집 안에서 나오면 데크가 있고 잔디가 있고 정원수가 있고 조그마한 텃밭도 있고 집으로 들어오는 진입로도 있다. 집 밖의 이 모든 것이 관리의 대상이니 할 일이 많은 것이다.

"여보, 집 안 일은 당신이 책임 져. 집 바깥은 내가 다 알아서 할게."

일이 힘들까 봐 전원주택 생활을 꺼리는 아내에게 내가 한 말이다. 집 안 일이야 아파트에서나 전원주택에서나 마찬가지 아닌가? 요즘의 전원주택은 옛날의 농가와 달리 집 안은 아파트와 비슷한 구조를 가지고 있다. 그래서 집 밖의 주변 모든 일은 다 내 일이 된 것이다. 그랬던 아내는 요즘 텃밭 등에 재미를 붙여 나보다 더 전원생활을 즐기는 것 같다.

집 뒤부터 잔디밭과 텃밭, 진입로까지 집을 한 바퀴 돌았다. 역시 할 일이 많았다. 집 뒤의 연장과 농기구들을 쓰기 편하게 정리해놓고 데크의 꽃나무들을 재배치하고 잔디와 정원수들에 물을 잔뜩 주고 텃밭의 상추, 고추, 호박덩쿨 등도 솎아내고 물도 주고……. 이 정도 일이야 뭐 어려울 것 없잖은가?

큰 길에서 조그만 개울의 다리 건너 우리 집으로 들어오는 진입로가 있다. 그 길이, 며칠 전에 지나간 태풍에 흙이며 풀이며 나무 조각들이 쓸려내려와 지저분하고 진입로 옆에는 길게 자란 잡초들이 뻗어나와 차량 통행에 지장을 주고 있었다.

'길을 정리해야겠다. 그런데 일이 좀 많겠군.'

우선 낫을 찾아들고 잡초부터 정리했다. 몇 년만에 만져보는 낫인가? 고향에서 중학교를 마칠 때까지 아버지의 농사일을 옆에서 거들었으니 낫이나 삽, 제초기, 도리깨, 빗자루 등 농기구에 익숙해 있지만 안 만져본 지가 얼마나 되었던가?

'잘 될까?'

걱정했으나 일단 낫을 잡으니 잡초를 쳐내는 일은 어렵지 않았다. 내 손은 수십 년 전의 낫 사용법을 다 기억하고 있었던 것이다.

'너무 쉬운데?'

이제 진입로를 깨끗이 쓸어내릴 차례다. 나는 긴 빗자루를 찾아들고 위에서부터 쓸기 시작했다. 젖은 낙엽은 역시 잘 쓸리지 않았다.

갑자기 아버지 생각이 났다. 어릴 적, 농사일을 하시던 아버지는 항상 무언가 바깥 일을 하시느라 바빴다. 그때 나는 아버지와 같이 한 방을 쓰고 있었는데, 같이 주무시던 아버지는 새벽에, 어둠이 걷히고 밝은 기운이 약간만 비치면 바로 일어나셨다. 집안이며 담 밖 길과 밭 등을 다니시며 정리할 것은 정리하시고 청소할 것은 청소하시고 나무 가지치기도 하시고……, 그리고 가끔은 변소 똥을 푸기도 하셨다. 변소 똥을 풀 때면, 식전부터 냄새가 온 집안을 진동시키는데 아버지는 그것도 아랑곳없이 지게로 똥을 져다가 채소밭에다 거름 삼아 뿌리는 것이었다. 나는 코를 막으면서 아버지를 따라다니기도 했다. 아버지가 똥을 푸내고 난 며칠 뒤, 아버지와 엄마가 이웃분들과 무슨 얘기를 하시고는 모두 박장대소를 하며 웃었다. 무슨 일인가?

아버지가 똥을 푸던 날 아침, 진동하는 냄새도 아랑곳 않고 형은 아침을 먹고 학교엘 갔다. 교문에서 선생님을 만나자 인사를 했다. 아버지를 알고 계시던 그 선생님은 인사를 받으며 형에게 물었다.

"아, 그래! 참, 네 아버지는 뭐하시냐?"

선생님의 인사치레 안부에 형은 본 대로 솔직하게 대답했다.

"예, 우리 아버지 똥 푸요!"

"무어? 허허허~~~"

그 얘기를 엄마, 아버지도 알게 되었고 이웃분들과 그 얘기를 하면서 웃는 것이었다. 아버지는 부끄러워하기는커녕 오히려 형을 대견스러워 하는 듯했다. 웃으시며 아버지가 하시던 말씀.

"허어~~~. 그날 아침 내가 똥을 폈거든. 그걸 보고 학교엘 간 게야."

그렇게 식전에 할 일을 다 마치시면 마지막에는 마당을 깨끗하게 빗질하셨다. 시골 농가의 넓은 마당을 안채 앞에서부터 한 줄씩 쓸어나가는데, 한 줄 다 쓸어가시면 부채꼴 모양의 빗질 자국이 수십 개가 나란히 포개져 있다. 그리고 반대편에서 다시 한 줄 쓸어오시면 같은 부채꼴 모양의 빗질 자국이 이번에는 반대편으로 수십 개가 나란히 포개져 있다. 이러기를 대여섯 차례. 우리 집 마당은 화려한 부채꼴 모양으로 수놓아진 양탄자 같이 변하는 것이다. 나는 이런 우리 집 마당을 참 좋아했다. 나도 한 번 마당을 쓸어보고 싶은데…….

초등학교 4학년 때인가? 어느 날 오후, 학교에서 돌아오니 집엔 아버지도, 엄마도 없었다. 들에 나가신 거겠지. 그런데 마당을 보니 풀을 뜯어다 마당에 널어 말렸다가 걷어놓은 뒤라 마당은 풀찌꺼기로 지저분했다.

'옳지, 이 때다.'

나는 아무도 없는 틈을 타 아버지가 쓰시던 빗자루를 찾아들고 마당을 쓸기 시작했다. 빗자루가 나한테는 조금 컸지만 아버지가 하시던 대로 안채 부엌 앞에서부터 한 줄씩 쓸어가기 시작했다. 아버지가 마당을 쓸 때 생긴 부채꼴 모양을 재현하려고 애를 썼다. 부채꼴이 제대로 만들어지지 않으면 다시 쓸었다. 한 줄을 다 쓸고나서 뒤돌아보니 아버지하고 똑 같은 부채꼴 모양의 빗질 자국이 생겨나 있었다.

'이것 봐, 나도 할 수 있잖아.'

다시 반대 방향으로 빗질을 했다. 부채꼴 모양의 줄무늬가 반대 방향으로 나란히 뻗어 있었다. 그렇게 마당을 깨끗하게 청소를 했다. 다 쓸고나서 뒤돌아보니 우리 집 마당은 아버지가 쓸었을 때하고 똑 같은 부채꼴 모양을 하고 있었다. 입가에 미소가 저절로 흘렀다.

들에서 돌아오신 엄마, 아버지는 또 풀을 잔뜩 베어오셨는데 아버지는 마당에 들어오시면서 내가 깨끗하게 쓸어놓은 마당을 보셨을 텐데 한 마디 칭찬의 말씀도 없이 지게에 지고 오신 풀을 그대로 마당에 쏟아부었다.

'아!'

나는 무척 허탈했으나 어찌 할 도리가 없었다. 다음 날 아침, 아버지가 담 바깥을 정리하고 들어오시더니 빗자루를 내게 건네주며 말씀하셨다.

"유수야, 마당 좀 쓸어라."

"예!"

나는 씩씩하게 대답하고 아버지가 건네주신 빗자루를 들고 어제와 같이 마당을 쓸었다. 역시 같은 부채꼴 모양의 무늬가 마당을 수놓았다. 아버지가 말씀은 안하셨지만 나의 마당 쓰는 실력(?)을 인정하신 거였다. 그 날 이후 중학교를 졸업하고 대구로 진학할 때까지 아침에 마당 쓰는 일은 내 일이 되었다.

차고부터 다리까지 폭 3미터 정도의 진입로가 약 40미터 가량 뻗어 있다. 옛날에 쓰던 싸리 빗자루가 아니고 플라스틱으로 만든 빗자루이니 정겨운 맛은 덜하지만 나는 그걸로 진입로를 쓸었다. 진입로는 시멘트로 깨끗하게 포장이 되어있으니 아무리 빗질을 해도 흙마당을 쓸 때의 부채꼴 모양은 생길 수가 없다. 아쉽긴 해도 진입로를 깨끗이 정리하고 나니 기분이 좋다.

"아버지, 당신을 사랑합니다."

아버지와 막걸리

네가 주전자 들고 오면서
무슨 짓을 했는지
나는 다 안다

어릴 적, 아버지가 들일을 하실 때 새참을 내다 드리는 일은 나의 몫이었다.

새참이라야 다름 아닌, 막걸리 한 주전자와 김치다.

"유수야, 이거 아버지한테 갖다드리고 오너라."

그 날도 엄마가 막걸리 한 주전자와 김치를 내 손에 들려 주었다. 나는 그 놈을 받아들고 조심조심 아버지가 김을 매시는 논으로 갔다. 우리 논은 신작로 건너 철둑 옆에 있었지만 우리 집 앞이 확 트인 들녘이어서 논에서 일하시는 아버지 모습이 집에서도 잘 보였다.

'이 막걸리가 뭐길래 어른들은 그리 좋아할까?'

당시 나는 막걸리 맛을 알고 있었다. 제사도 자주 돌아오는 데다가

들에서 일하시는 아버지 새참으로 꼭 필요하니 엄마는 우리 집에 막걸리가 떨어지지 않도록 계속 빚었던 것이다. 그때, 술찌끼에다 사카린을 타서 엄마랑 누나들이 먹을 때 나도 맛을 봤고 또 막걸리도 받아 마신 적이 있다.

막걸리 주전자를 들고 가면서 나는 막걸리 맛을 보고 싶었다. 뒤를 돌아다보았다. 우리 집 밖에는 아무도 없다. 엄마도 모를 것이다. 들녘의 아버지가 안 보이는 지점에서 주전자 주둥이에다 입을 대고 한 모금 마셨다. 역시 씁쓸하고 시큼하다. 마시는 순간은 얼굴이 찡그려졌다. 잠시 후 술기운이 몸에 퍼졌는지 기분이 약간 좋아지는 것 같다. 다시 한 모금을 마셨다. 역시 막걸리의 씁쓸한 맛이 입안에 감돌았지만 이미 예상했던 맛이니 별 문제 될 게 없었다. 가다 보니 또 마시고 싶어졌다.

'햐, 거 참! 양이 적으면 아버지가 알텐데. 에이, 한 되짜리 주전자에서 한 모금 마셨는데 뭐.'

신작로에 도달했다. 이제 좌측의 농로로 이어지는 길 옆의 집을 지나면 다시 일하시는 아버지가 보인다. 나는 그 집을 지나기 전, 아버지가 보이기 전에 마지막으로 다시 주전자 주둥이에 입을 갖다 댔다. '에이, 모르겠다.' 이번에는 두 모금을 마셨다. 그러고는 주전자 주둥이를 잘 닦았다. 나는 아무 일도 없었던 것처럼 아버지에게 막걸리 주전자를 들어보였다.

"아부지요, 이거 가져 왔어요."

"오냐, 그래. 거기 논둑에 놔라."

아버지가 논에서 나오시는 동안 나는 조금 떨어진 곳에 서서 앞산을 바라보고 있었다. 아버지가 술을 마셨을 때 보니 술 냄새가 나던데 나도 그럴까 봐 거리를 두었다. 논에서 나오신 아버지가 논둑에 앉으서서 주전자를 잡으셨다.

"음?"

아버지는 막걸리 주전자를 들어 사발에 따르려다 말고 무언가 이상하다는 듯이 주전자 뚜껑을 열어보셨다. 그러시더니 나를 보고 웃으시며 말씀하셨다.

"어허, 어허! 막걸리가 우예 이렇게 적으냐? 어허!"

아버지는 연방 나를 보고 웃으시며 사발에다 막걸리를 따라 마시는 것이었다.

'이거 들켰나?'

그러나 나는 아무 일도 없었다는 듯, 아버지 말씀을 못 들은 척하면서 계속 먼 산만 팔고 있었다. 아버지는 연방 "어허, 어허!" 하고 웃으시며 막걸리 한 주전자를 다 비우셨다. 아마 아버지는 '네가 주전자 들고 오다가 막걸리 마신 것을 다 알고 있다'는 뜻이었으리라. 나는 끝까지 아무 일도 없었다는 듯, 아무 것도 모른다는 듯, 아무 말도 않고 기다리다가 아버지가 다 드시자 빈 주전자를 들고 다시 집에 왔다. 취기도 없었으니 정말 아무(?) 일도 없었다.

아내가 막걸리를 빚은 건 벌써 여러 번 된다. 맨 처음 시도한 게 92년도였던가? 방학동에 살 때 김포에 사는 사촌 언니한테서 막걸리 담는 법을 듣고 처음 시도했는데 그때는 맛이 많이 시었다. 그래도 아내의 첫 작품이라 저녁마다 한 사발씩 마셨다. 그 뒤 몇 번 더 시도하더니 드디어 옛날 우리 집에서 제사 때마다 빚던, 쌀이 부족하던 시절에 몰래 담던 밀주와 같은 맛을 내는 막걸리를 빚었다. 저녁에 한 잔씩 마시는 밀주(?) 맛이 일품이다. 집에 막걸리를 담아 놓으면 좋긴 한데, 매일 저녁 취해 있다 보니 이건 좀 곤란하다. 막걸리를 마실 때마다 그때, '난 다 알고 있다'는 듯이 빙그레 웃으시며 막걸리 주전자를 기울이시던 아버지가 생각난다.

"아버지, 당신을 사랑합니다."

아버지와 에스컬레이터

움직이는 계단을
처음 보신
아버지의 호기심

손주 녀석 돌잔치에도 참석하실 겸 아들이 취직해서 서울에 사는 모습이 어떤지 보시기도 할 겸해서 아버지가 서울에 오셨다. 1년 전에 동방생명에 입사했던 나는 원하던 융자과에 배치되어 근무를 하게 되었고 부장님의 도움으로 임직원 주택지원 대출을 받아 부천에 조그마한 아파트도 한 채 마련한 상태였다. 조그마한 아파트라고는 하나 입사 1년도 안 된 신입사원이 자기 돈으로 집을 사기는 꿈도 꾸기 어려울 때인데 대출을 받긴 했지만 아들이 스스로 집을 마련했다니 아버지도 보시고 싶었던 것이다.

'벌써 1년이 지났나?'

삼성그룹 입사 후 연수 기간 동안에 태어난 진호는 이제 아장아장

걷기 시작했고 그동안 나는 정신 없이 1년을 보냈다. 조촐하게 우리들만의 돌잔치를 마친 다음 날 아버지가 말씀하셨다.

"야야, 난 오늘 안양 네 형 집에 들렀다가 내려갈란다."

"예, 그러서요. 그럼 점심 드시고 세 시경에 우리 회사에서 만나지요."

가시기 전에 아들이 근무하는 회사를 보시고 싶어하셔서 우리는 그렇게 약속했다. 아버지는 아내가 모시고 오기로 했다.

약속한 세 시경 사무실 전화벨이 울렸다.

"여보, 우리 도착했어요. 1층 로비에 있어요."

"오, 알았어. 지금 내려갈게."

1층 로비 에스컬레이터 근처에 아버지와 아들을 안은 아내가 있었다.

"아버지, 여기가 제가 근무하는 곳이에요. 여기 3층에서 근무해요."

나는 아버지에게 로비 곳곳과 빌딩 바깥 등을 안내해드렸다. 그때 동방생명 빌딩(현 삼성생명 빌딩)은 당시로서는 최첨단 공법으로 지었다고 명성이 자자했다. 건물 준공식 때 이병철 회장이 참석하신 모습을 뵙기도 했다. 빌딩은 대리석으로 지었고 내부 관리가 자동으로 이루어지고 빌딩 내 전화 시스템은 전화국에서 특별히 동방생명에만 부여한 번호를 사용하게 되고 또 무엇은 어떻고 등등……. 평일에도 동방생명 빌딩은 사람들로 붐볐다. 지하 1, 2층에 쇼핑몰인 동방플라자가 있어서 왕래하는 사람들이 많았다.

"하아~ 여기서 네가 근무한다고."

아버지는 신기한 듯 이곳 저곳을 둘러보셨다. 작년 삼성그룹에 입사 후 동방생명으로 배치받았다고 하자 아버지께서 말씀하셨었다.

"옛날에는 보험회사 다닌다고 하면 보험쟁이, 보험쟁이 그랬었는데 이제는 다르지. 어느 회사든 자기가 하기에 달렸지. 열심히 근무하거라."

당시에는 보험영업에 대한 인식이 썩 좋지 않던 때라 아버지는 보험회사에 배치받았다는 나를 위로하시기 위한 것이었다. 그런데 오늘 직접 회사에 와서 건물을 보시고는 아주 흡족해 하시는 것 같았다. 나는 저절로 미소가 흘렀다.

"아버지, 잠시만 여기 계세요. 애 엄마랑 지하에 내려가서 뭘 좀 사가지고 올게요."

"오냐, 알았다."

안양 형 집에 들고 가실 과일 등을 사기 위해 나는 아버지를 에스컬레이터 옆에서 잠시 기다리게 하고 아내와 같이 간단히 쇼핑을 하고 올라왔다.

"엇? 안 계신다. 어디 가셨나?"

아버지는 계시던 자리에 안 계셨다. 나는 눈을 크게 뜨고 주위를 살피다가 에스컬레이터를 타고 올라가시는 아버지를 발견했다.

"여보, 저기 좀 봐."

아내도 나와 같이 아버지를 발견하고 미소를 지었다. 아버지는 에스컬레이터가 상당히 신기했던 모양이다. 계단이 저절로 움직여 올라가고 내려오고, 사람은 가만히 서 있으면 올라갔다 내려오니 그걸 보시다가 한 번 타보고 싶은 호기심이 발동하셨던 것이다. 우리는 가만히 아버지를 지켜보고 있었다. 사람들 틈에 끼여 한 층을 타고 올라가신 아버지는 잠시 주위를 살피시더니 다시 내려오는 에스컬레이터에 조심스럽게 발을 디디고 내려오셨다. 내려오시면서도 손잡이를 쓸어보기도 하면서 연방 주위를 살피며 관찰을 하시는 것이다.

"가만 있어 봐."

내려오시는 아버지를 보고 아내가 나서려는 걸 잠시 제지했다. 지금 나타나면 우리가 보고 있었던 걸 아버지가 아실 것 같았다. 1층까지 다 내려오신 아버지는 아까 계시던 자리로 오셔서 주위를 살피셨다. 우리가 오나 안오나 보시는 것이었다. 우리가 보이지 않자 아버지는 다시 한 번 에스컬레이터를 타고 올라가셨다. 내 입가에 저절로 미소가 번졌다. 올라가신 아버지가 내려오는 에스컬레이터를 타고 내려오실 때, 우리는 이제 과일을 사 가지고 막 도착하는 것처럼 그 자리로 갔다. 내려오시는 아버지와 눈이 마주쳤다. 아버지는 입가에 겸연쩍은 미소를 흘리시며 말씀하셨다.

"허, 그것 참! 자, 이제 가자."

아버지는 그렇게 동방생명 빌딩을 구경하시고 형 집으로 가셨다.

"아버지, 당신을 사랑합니다."

'정말, 순, 진짜' 초보 운전

완전 초보 딸이 운전하는 차에
동승할 사람은 엄마뿐이다
'딸을 위한 일이면 목숨도 아깝지 않아'

 오늘 처음, 내가 시운전하는 날이다. 아버지가 차를 두고 지방으로 출장 가신 날이라 차가 집에 있었다. 어제 아버지께 부탁해서 아버지는 차 키를 두고가셨다.
 "아빠, 나 차 좀 몰아 볼래."
 "그래, 처음이니까 조심해라."
 처음 필기시험에는 쉽게(?) 합격했다. 시중에 나와 있는 운전 면허시험 문제집을 달달 외웠더니, 그 문제집에서 나온 필기시험 문제는 너무 쉬웠다. 내가 수석을 할까 걱정(?)했는데 수석은 못했지만 쉽게 합격했다. 문제는 기능시험! 운전학원에서 두 달간 교습 받았다. ㄱ자, T자, S자 등과 주행시험. 그

동안 네 번 떨어져 4수한 끝에 딴 면허증이다. 얼마나 뿌듯하든지…….

그래서 오늘, 내가 운전면허 따고 처음 운전대를 잡는 날이다. 가슴은 마냥 설레고 들떠 있었다. 한편으로는 두려움으로 몸서리를 치기도 했다. 과연 잘 될까? 아무래도 혼자서는 너무 불안해서 식구들한테 도움을 청했다.

"언니야, 나랑 같이 타고 가자."

"싫어, 애. 너 같은 진짜 초보가 운전하는 차를 내가 왜 타니? 불안하게."

언니는 단번에 싫다고 딱 잘라 거절했다.

"오빠야."

"나두 싫다. 사고라도 나면 누가 책임지니?"

언니, 오빠가 모두 거절하니 나는 더욱 불안했다. 차는 집 앞 주차장에 있고, 키도 있는데, 혼자 운전할 용기는 나지 않아서 언니랑 오빠에게 부탁했는데 불안하다고 안 탄다니, 뭐 지들은 처음부터 운전 잘했나? 다 초보시절 있었을 거 아니야! 좀 같이 타 주면 어때서!

나는 막 울 것 같았다. 운전을 하고는 싶은데 언니 오빠가 꿈쩍도 않으니 이를 어째!

"얘야, 나랑 같이 가자. 내가 우리 딸 차 타 줄게."

"아니, 엄마가? 엄마는 운전도 못하잖아."

"네 아빠 첫 운전할 때도 내가 같이 탔어. 가자."

엄마는 나보다 먼저 일어서서 나가신다.

"아, 엄마!"

그 날 나는 용기를 내어 운전도 못하시고 차에 대해서는 아무 것도 모르는 엄마를 옆에 태우고 시운전을 했다. 아파트 안을 한 바퀴 돌고 아파트 밖으로 나가서 큰 길을 돌아 다시 들어왔다. 엄마는 옆자리에 앉으셔서 차창 밖으로 지나가는 미장원이나 옷가게 등의 간판을 읽기도 했고 저긴 누구네 집이라고 이야기도 하셨다. 아마 나의 긴장을 풀어주기 위해서이리라. 그렇게 나는 무사히 시운전을 마쳤다.

"엄마, 사랑해요!"

1998년 무렵, 잡지에서 읽은 내용을 각색한 것이다. 언니, 오빠는 물론 불안하겠지. 하지만 엄마는 운전도 못하시면서 딸을 위해 "정말, 순, 진짜" 초보가 시운전하는 차에 과감히 동승하신다.

나의 첫 시운전은 어땠나? 1989년 미국 프루덴셜 생명보험회사에 장기 연수를 가게 되었다. 거기서는 운전을 못하면 꼼짝도 못한다니 차를 살 생각을 하고 운전을 배웠다. 당시, 87~88년은 마이카 족이 급격히 증가하던 시절이라 회사 내에서도 신규로 운전면허 취득하는 직원들이 상당히 많았다. 누구 대리는 기능시험에 첫 번에 합격했는데 누구 부장은 네 번이나 떨어졌다는 등 면허 취득 과정이 주 화제거리였다. 나는 두 번 만에 합격했다. 경기도 부천에 살 때였는데 경기도민의 운전면허 취득 시험은 의정부 면허시험장에서 봤다. 부천에서 서울을 관통하여 의정부에 가야 했다. 이런 불합리도 있나? 첫 번 기능시험에서는 S코스에서 떨어졌다. 두 번째 기능시험. 코스과정은 통과했다. 주행시험 차례가 와 차에 올랐다. 출발 신호에 따라 차를 출발시키려는데 엑셀을 아무리 밟아도 차가 나가지 않는다. 이거 큰일났다. 왜 안 나가지? 긴장해서 땀을 뻘뻘 흘리면서 애를 쓰고 있는데 시험 요원이 다가와서 차 문을 열고 들여다보더니,

"에이, 이 사람! 이거 브레이크를 밟고 있잖아. 못하면 내려요, 내려!"

하며, 내 다리를 탁탁 치면서 나를 끌어내리려고 한다. 아뿔싸, 이런 불상사가 있나? 엑셀 대신 브레이크를 밟았다고? 출발도 못했는데 내리라고?

"아, 아저씨! 출발도 안 했잖아요. 한 번만 더 할게요. 제발!"

빌고 빌어서 간신히 승락을 받아 차를 출발시켰다. 일단 정지, 언덕길, 좌회전 코스 및 주행 등을 스스로 잘했다고 생각하고 주행시험을 마쳤다. 차에서 내리자마자 장외 스피커가 외쳤다.

"50번, 24점! 합격!"

"와! 합격이다!"

나는 그야말로 부끄러운 줄도 모르고 두 팔을 번쩍 들며 소리쳤다. 주행시험은 40점 만점에 60% 이상, 즉 24점 이상을 받아야 합격인데 나는 간신히 딱 60%인 24점 커트라인에 걸려 합격한 것이다. 어디서 뭘 잘 못해서 겨우 24점인가? 아니야, 합격만 하면 됐지 뭐, 만점까지 받고 그래? 회사 내 다른 직원들은 서너 번은 떨어지고서야 면허를 땄는데 나는 한 번 떨어지고 두 번만에 땄다. 그 날 받아 온 일종 보통 운전 면허증이 어찌 그리도 소중하던지 보고 또 보고, 잘 때도 베개머리

에 운전 면허증을 두고 잤다.

그런데 아직 차도 없으니 면허증이 무슨 소용인가? 89년 미국 연수 출발 일정이 확정되고 2주전, 시내 주행교육을 딱 한 번 받고 미국으로 갔다. 국제 운전면허증까지 발급받고서. 그래서 나의 첫 시운전은 주행교육 강사하고 같이 했다.

진호는 대학 3학년 무렵에 운전면허를 취득했다. 그때는 운전학원에서 시내 주행 교육을 먼저 받고 그 학원에서 대행하는 주행시험을 보는 것으로 면허 시험 제도가 바뀌었다. 그러니 면허 취득 전에 시내 주행을 많이 해 본 경험이 있다. 잡지에 나온 것처럼 첫 단독 운전이 어렵지는 않다.

진호가 면허증을 발급 받던 날, 나는 아들을 산타페 옆자리에 태우고 교육장으로 갔다. 사무실에서 면허증을 받아들고 나오는 아들 녀석에게 바로 운전대를 넘겼다.

"운전 할 수 있지? 네가 해 봐."

녀석은 자신 있게 운전석에 앉는다. 영통 시내를 빠져나와 수원IC에서 서울 방향으로 경부 고속도로에 차를 얹었다. 첫 고속도로 운전인데도 녀석은 내가 따로 얘기하지 않아도 알아서 차선을 바꾸면서 잘도 간다. 돌아올 때는 분당을 거쳐 영통으로 돌아왔다.

진호가 운전면허를 취득했을 때는 제도상 사전에 시내 주행 연습을 충분히 경험하였으므로 앞의 사례에서 본 것처럼 엄마가 사고 위험을 무릅쓰고 딸의 시운전에 동승하는 엄마 같은 느낌을 가지지는 않았던 것 같다.

'코끼리 밥통 사건'의 재해석

옛날이나 지금이나
주부들의 한결 같은 마음은
사랑하는 가족에게
맛있고 따뜻한 밥을 먹이는 것이다

오랫동안 사용하던 압력밥솥이 고장 났다. 밥이 되기도 전에 김이 빠져버려 밥이 제대로 되지 않는다. 남편과 아들에게, 가족에게 맛있는 밥 해먹이는 게 모든 주부들의 가장 큰 임무이고 행복인데 밥이 잘 안 되니 아내가 걱정이 태산이다. 고장 난 그 밥통은 이미 우리가 20년 이상 사용했다. 그러니 이제 바꿀 때도 되었지. 아내와 압력밥솥을 사기 위해 마트로 갔다. 예쁜 밥솥들이 너무나도 많다. 기능도 비슷하단다.

"아니, 이거 재국 형 회사 밥솥 아닌가?"

내가 어느 회사 제품을 하나 들고 얘기했다. 색상도 빨간 게 예쁘고 깜찍하게 생긴 밥솥이다.

"아, 여보 맞아. 이 밥솥 참 예쁘다. 우리 이거 사자."

그래서 그 회사 제품을 샀다. 기능은 어느 회사 제품이나 다 비슷하다니 그렇다면 예쁘게 생긴 게 더 좋지.

재국 형은 전기밥솥 등 가전제품을 만드는 회사에 사장으로 취임했다. 영자신문사 동문들 모임에 퀴즈 상품으로 밥솥을 기증하기도 했다. 사장 취임과 동시에 회사의 사명을 바꾸는 등 경영 체질을 개선시키면서 회사의 매출도 올라가고 주식 가치도 상당히 상승하였다.

약 30여 년 전 내가 결혼하던 시절의 국내 가전제품들 성능은 일본 제품들에 비해 상당히 뒤쳐졌지만 요즘은 오히려 국내 제품들이 수준이 세계 시장에서도 압도적인 우위를 점하고 있다. 이런 환경에서 회사의 발전을 기하기 위해서는 기술력으로 승부하는 것보다 경영 혁신이나 디자인으로 대응하는 편이 맞을 것 같다. 재국 형은 능력을 발휘하여 그 회사의 기업 가치를 높였던 것이다.

그런데, 밥통하면 생각나는 사건이 있다.

'코끼리 밥통 사건'을 많은 사람들이 아직도 기억하고 있을 것이다. 일본 큐슈의 시모노세키를 관광하고 돌아오던 우리나라의 아주머니들이 단체로 일제 전기밥통인 코키리 밥통을 사가지고 들어왔다가 여론의 뭇매를 맞은 사건이다. 그 사건이 일어난 게 아마도 1983년도 즈음이 아닐까 싶다. 우리나라에도 당시에 전기밥통이 있었다. 그런데 일본 제품인 코끼리 밥통이 밥이 더 맛있게 잘 된다고 해서 주부들에게 아주 인기가 있었다. 스무 명이 넘는 한국 아주머니 관광단이 한 명도 빠짐 없이 모두 일제 코끼리 밥통을 사들고 배를 타고 부산으로 돌아오는 과정에서, 배에 퍼지르고 앉아 단체로 요란스럽게 행락행위를 해서 여러 사람의 눈살을 찌푸리게 한 데다 일제 코끼리 전기밥통까지 사가지고 왔으니 기자들의 시선이 고울 리가 없다. 다음 날, 신문과 TV에 크게 보도되면서 일제 전기밥통에 대한 대대적인 비난 여론이 일었다. 우리나라 경제가 지금 어떤 상황인데, 우리나라 전기밥통도 쓸 만한데, 설사 우리나라 전기밥통 성능이 조금 떨어진다 해도, 그럴수록 전 국민이 국산품을 사용해서 우리나라 산업을 발전시켜야 아직도 2, 30년이나 뒤진 일본 경제를 따라잡을 수 있을 텐데, 다른 나라도 아니고 바로 그 일본 제품을 사들고 들어오다니! 과연 우리 국민들의 의식 수준이 이 정도 밖에 안 된단 말인가 등등.

당시 나는 육군병참학교에서 교관으로 근무하면서 후배 장교들을 교육하던 때였다. 군인한테서 국가에 충성하는 애국심 빼면 시체 아닌가? 나도 교육생들에게 한 마디 했다. 밥통 같은 아주머니들이 일제 밥통을 사들고 들어오다가 전국적으로 밥통이 됐다고! 한두 사람이 조용히 일제 밥통을 사가지고 들어왔다면 큰 문제가 아니었을 텐데 수십 명이 질펀하고 시끌벅적하게 행락행위를 하며 거기다가 일제 코끼리 전기밥통을 한두 개도 아니고 수십 개를 사들고 들어왔으니 여론의 역풍을 맞았던 것이다. 그렇게 여론이 매섭게 일제 밥통 사건을 질타하고 지나갔다.

그런데 그때, 우리나라의 평범한 아주머니들의 주 관심사는 무엇이었을까? 국가 경제 발전이나 국산 전자제품의 성능 향상, 국산품 애용, 애국심, 이런 분야에 대한 그 분들의 관심은 어느 정도였을까? 물론 그런 분야에 대한 관심이 전혀 없다고는 할 수 없겠지만 그보다는 내 가족의 건강과 행복이 더 우선이 아니었을까? 내 남편, 내 자식들, 내 부모에게 따뜻한 밥 한 그릇 더 먹이고 싶은 게 평범한 우리나라 주부들의 주 관심사가 아니었을까?

그 분들의 세대에는 그 전 세대 때보다 주방 가전제품의 기술이 참 많이 발전했다. 밥솥 하나만 봐도 아궁이에 불을 때서 밥을 하거나 연탄불에 밥을 하던 때보다 코드에 전기만 꽂으면 밥이 저절로 되고 보온도 되니 정말 편리하다. 그런데 우리나라 전기밥솥은 가끔 고장도 나고 밥이 설기도 하고 낄기도 하고 바닥에 눌어 붙기도 하는데 일제 전기밥솥은 고장도 적고 성능이 훨씬 더 좋다더라.

밥도 구수하고 눌어 붙지도 않는다더라. 그러니 일제 전기밥솥이라면 우리 아이한테, 내 남편에게, 우리 부모님께 더 따뜻하고 맛있는 밥을 지어 드릴 수 있을 텐데. 옳지, 그래. 이번에 우리 계에서 일본 여행을 가는데 그때 일제 코끼리 밥통 하나 사오자. 아마 이런 심정이 아니었을까? 지금 생각하면 그때 요란스런 행락행차만 아니었더라면, 그 관광단체에 우리 어머니도 있었다면, 우리 아이, 내 남편, 우리 부모님께 따뜻하고 맛있는 밥을 먹이고 싶은 어머니의 마음에 대해 고맙다고 했을 것 같다.

또한 국민 경제적 시각에서 봐도 국산품 애용하면서 국내 가전제품 제조업체들로 하여금 좀 더 쉽게 매출을 올리게 해 주기보다는 성능 좋은 타사 제품을 소비함으로써 국내 업체들에게는 기술개발 경쟁을 촉발시켜 기술로 승부하게 하는 편이 더 낫지 않았을까 하고 생각해 본다.

신문, TV 등 여론이 그렇게 매섭게 질타했지만 그들이 사과했다거나 반품했다는 소식은 못들었다.

한국의 아줌마 부대여, 영원하라!

그대들의 가족 사랑에 나라의 발전이 있다.

야바위꾼과 나의 공통점

내가 경멸했던 야바위꾼들!
결국 나도 그들과 다를 바 없는
욕심 가득 찬 속물에 불과한가?

요즘에는 많이 줄어든 것 같다. 거리에서 그런 영업(?)을 하는 사람들이 별로 안 보이는 것 같다. 소위 말하는 야바위꾼 말이다. 사람들이 많이 다니는 길거리에 좌판이나 간이탁자를 펴놓고 몇 사람이 둘러서서 야단스럽게 다른 사람들을 속여먹는 영업을 하는 그들은 어떤 존재일까? 어떤 종류의 인간들이기에 그리 뻔뻔할까?

85년도 여름, 소집해제 이후 첫 번째 예비군 소집훈련이 나왔다. 당시 장교 출신들은 전역 후 43세까지 매년 1주일동안 예비군 동원훈련을 받도록 되어있던 시절이었다. 그 날은 만 하루 소집훈련이니 집합해서 인원 파악 및 정신 교육을 위한 것이었다. 오랜만에 회사 일을 하루 쉬게 되었으니 휴가 비슷한 기분을 느끼기도 했다. 시간에 맞게 경기도 고양에 있는 예비군 소집 훈련장으로 갔다. 벌써 많은 예비군들이 와서 열을 맞춰 준비를 하고 있었다. 그러나 예비군은 역시 예비군. 더부룩한 머리에 모자 삐딱하게 쓰고 담배 한 가치 꼬나물고 웃옷은 바지 바깥으로 삐져나와 있는데 양 손은 바지 주머니에 쑥 넣고 어슬렁어슬렁! 군기라고는 눈꼽만큼도 찾아볼 수 없는 그런 전형적인(?) 예비군들이었다. 그래도 장교 출신들은 사병 출신들과는 달리, 다른 건 몰라도 옷은 제대로 입고 주머니에 손도 넣지 않고 있다. 예비군 소집교육을 하러 나온 현역 장교와 사병들은 예비군 출석 체크에 정신을 쏟고 있다. 한참을 기다려도 장교 출신 예비군들을 부르는 현역은 없다.

"김 중위님, 김유수 중위님!"

어디선가 나를 부르는 소리다. 오랜만에 들어보는 김 중위 호칭이다. 고개를 돌려 보았더니 김대홍 중위가 멀리서 오라고 손짓하고 있었다. 반가운 마음에 그 쪽으로 급히 뛰어갔다. 김대홍 중위는 나보다 한 기수 아래 후배인데 동경사 병참근무대에서 1년, 부산 병참학교에서 교관으로 2년, 도합 3년을 같은 부대에서 근무했으므로 잘 알고 친한 사이였다.

"아, 형님. 잘 계셨어요?"

"그래, 대홍이구나. 아, 너 진급했네? 김 대위! 너 진급했다고 이제 경례도 안 하냐?"

"아이 참, 형님도! 예비군이 어디 군인이에요? 잡동사니지. 어디 육군 대위 김 대위가 잡동사니한테 경례를 해요?"

"허, 이 자식!"

주먹으로 김 대위 복부를 치는 흉내를 내며 반갑게 악수하고 농담을 했다. 다시 군인이 된 느낌이었다.

"아, 형님. 이리 와요. 어디 거기 사병들 있는데 쭈구리고 있어요? 저기 가서 막걸리 한 잔 해요."

"뭐, 막걸리? 지금 시간에? 출석 체크도 아직 안했는데?"

"아, 그런 건 내가 다 알아서 애들 시킬 테니까 걱정 말고요."

김대홍이는 끌다시피 나를 데리고 근처의 주막집으로 갔다. 점심시간도 전인데 막걸리라니! 소집훈련 와서 이래도 되나? 그러나 현장의 책임장교가 가자는데 누어가 긱졍인가?

김대홍 대위와 같이 온 다른 후배 장교와 더불어 셋이서 점심식사 겸해서 막걸리 한 통을 마셨다. 내가 소집해제 된 후 병참학교 소식이랑 내가 근무하는 회사 얘기 등 서로 안부 겸 반가운 만남을 가진 것이다.

"형님, 오늘은 이만 집에 들어가 쉬세요. 여긴 내가 알아서 할테니까."

"아니, 오후에 정신교육 있댔는데?"

"아하~ 참. 육군 대위 김 대위를 뭘로 보고 그러세요? 내가 다 알아서 형님 오늘 훈련 잘 받은 걸로 해 놓을 테니까 걱정마시라구요."

김대홍 대위는 나를 떠밀다시피 돌아가 쉬라고 했다.

"오케이, 알았다. 그거 좋지."

그렇게 해서 오후 교육은 면제 받고 일찍 집으로 돌아가게 됐다. 해는 아직 중천인데 막걸리 한 사발에 알딸딸한 기분으로 버스를 타고 고속터미널로 갔다. 거기서 부천 우리 집으로 가는 버스를 바꿔 탈 참이다.

지하도 들어가는 입구에 한 무리의 사람들이 간이탁자를 둘러싸고 웅성거리고 있다. 뭐하는 거지? 하는 호기심이 일어 기웃해보았다.

'하아, 이거 야바위꾼 아냐?'

그냥 가려다말고 다시 호기심이 일어 어떻게 속임수를 쓰나 보았다.

"자아~ 여기 동그라미를 잡으면 됩니다. 동그라미를 잡으세요."

한 사나이가 탁자 앞에서 떠들고 있다. 탁자 위에는 세 곳의 위치가 표시된 종이가 깔려있고 각각의 위치에 가로 세로 약 10센티미터 되도록 자른 장판지 세 개가 하나씩 놓여있다. 그 사나이는 그 세 개의 장판지를 집어 뒤집어 보여준다. 그 중 한 장판지에는 크게 동그라미가 그려져있었다. 그는 동그라미가 그려진 장판지 아래에 다른 장판지를 포개어 집었다가 한 곳에 하나를 떨어뜨리고 다른 곳에서 다시 포개어 집고 또 다른 곳에서 다시 포개어 집어 세 개가 되게 한 뒤 다시 하나를 다른 곳에 떨어뜨리고 또 다른 하나를 집고 다시 하나를 떨어뜨리고 다 떨어뜨렸다가 다시 하나를 집고 또 포개고 또 떨어뜨리고를 반복했다. 느린 속도로 하다가 다시 빠르게 하다가 다시 느리게 하는 등등. 그러나 잘 보고 있으면, 장판지가 약 3밀리미터 정도로 두꺼운데다 사방 10센티미터 정도로 크니 포개는 과정에 아래 위 순서가 바뀌는 경우는 불가능했다. 그러니 처음 동그라미 장판지만 잘 보고 있으면 이건 틀릴 수가 없는 게임이었다.

'햐, 이렇게 쉬운데. 근데 야바위가 이렇게 쉽단 말야?'

내가 계속 그 동그라미 장판을 주시하고 있는데 다른 사내가 끼어들었다.

"자, 여기 30만원. 내가 건다."

그러자 딜러인 사내는 다시 "이 동그라미를 찾으세요." 하면서 그 장판지를 보여주고는 다시 포개고 놓기를 반복한다. 나도 그 사내를 따라 그 동그라미 장판의 행방을 주시했다. 드디어 딜러 사내가 장판지 세 개를 나란히 놓았다. '저거다. 제일 왼 쪽 거!' 내 생각과 동시에 30만원을 걸었던 사내가 "이거야, 이거!" 하고 소리치며 그 장판을 집는다. 딜러 사내가 뒤집어보니 역시 동그라미가 그려져 있었다. "자, 여기 30만원 주시오, 줘!" 돈을 걸었던 사내가 외치니 그 딜러가 꼼짝없이(?) 30만원을 내준다. '햐, 거 돈 벌기 참 쉽네.' 나는 속으로 생각하며 돈이 오가는 광경을 보고 있었다. 당시 내 월급이 얼마디리? 50만원이 채 안 된 것 같았는데 공제할 것 떼고 나면 실제 가처분 소득이 30만원 정도인 것 같았는데, 한 달 월급을 그 사내는 너무 쉽게(?) 벌어들인 것이다. 결혼을 하고 나니 돈 쓸 곳은 왜 그렇게나 많던지? 아내와 아들, 나 이렇게 셋만 살면 되는 줄 알았는데 시골 부모님한테, 동생한테, 또 누구 생신이라고, 누구 결혼 등등. 그 달도 30만원까지 당겨 쓸 수 있는 가계수표를 다 당겨 쓴 상태였다. 다음 달이 보너스 달이니 그때 메우고 다시 다음 보너스 때까지 당겨 쓰는 지출 패턴이 되풀이 되던 시절이었다. '이걸 한 번 해 봐?' 하는 유혹이 일었다. 그런데 주머니에 돈은 없었다. '에이, 돈도 없고 이건 야바위잖아.' 하고 돌아서려는데 아까 30만원을 딴 사내가 "이거 아무 것도 아니잖아, 어쩌고 저쩌고……." 한다. 바람을 잡는 건데 나는 그게 바람 잡는 건 줄 몰랐다.

"이 시계 얼마 해 줘요?"

드디어 나는 손목의 시계를 풀어놓으며 말했다. 3년 전, 아내에게서 결혼 예물로 받은 롤렉스 시계였다. 당시에도, 지금도 최고급 시계다.

어디서 감히 내가 롤렉스를, 그것도 예물시계를 풀어놓고 이거 얼마 해줄거냐 묻는 용기가, 아니 만용이 나왔는지 모르겠다. 당장 눈 앞에서 1분도 안 되는 아주 짧은 시간에, 아주 쉽게(?) 나의 한 달 월급을 벌어들이는 그 광경에, 도저히 질 수 없는 게임에, 인간의 가장 큰 약점인 욕심, 아니 과욕에 넘어가고 말았다.

"아, 이거? 롤렉스네? 어디 보자……, 60만원!"

어디서 나타났는지 또 다른 사내가 내 시계를 들고 이리저리 살펴보더니 단정적으로 가격을 이야기하고 내려놓는다. 시계의 진짜 값어치를 따지기 전에 60만원이면 내 두 달치 월급이다. 햐, 이것 봐라. 그래서 나는 내 시계와 60만원을 놓고 딜러와 마주 섰다. 내가 이기면 60만원을 받고, 내가 지면 시계를 뺏긴다!

"자, 자알 보세요. 이 동그라미를 집으세요. 바로 이거요."

그 딜러는 동그라미가 그려진 장판지를 뒤집어 보여주며 가운데 위치에 놓는다. 그 놈만 주시하면, 포갰다가 다시 놓는 게임에서 그 놈을 놓칠 수가 없다. 그 장판지 세 개는 아래 위 순서를 바꾸는 것은 불가능하니까. 딜러 사내는 동그라미 장판지를 잡으라는 소리를 노랫가락처럼 읊으면서 집었다가 놓고, 포갰다가 다시 위치를 옮기고 놓았다가 다시 집고, 세 개를 한꺼번에 포개어 집었다가 두루룩 다 놓았다가 다시 하나를 집고, 그 밑에 다시 하나를 포개고 또 하나를 놓았다가 다시 위치를 바꾸고 등을 천천히, 또는 빠르게 몇 번을 되풀이 하다가 드디어 세 개를 다 내려놓았다.

"자, 거세요!"

"이거요."

나는 들고 있던 시계를 자신있게 가운데 장판지 앞에다 놓았다.
 '이건 틀릴 수가 없어. 바로 이거야!'
 "앗!"
 그러나 그 딜러가 뒤집어 보여주는 그 장판지에는 동그라미가 없었다. '이건 사기야. 바꿔치기 하지 않았다면 있을 수 없어!' 그러나 바꿔치는 장면을 잡지 못했으니 뭐 어떻게 할 수가 없었다. 딜러는 유유히 내 시계를 집어갔다. 그리고는 다시 "자, 동그라미를 잡으세요."를 외친다.
 "도저히 있을 수 없는 일이야. 이건 사기야!"
 힘없이 탁자 앞을 물러난 나는 그야말로 하늘이 샛노래지는 걸 느꼈다. 두 다리가 후들거리면서 눈앞의 모든 광경이 빙글빙글 돌고 있는 것 같았다. 아내에게 뭐라고 얘기해야 하나, 그냥 잃어버렸다고 해? 안 되겠지. 믿어줄까? 그게 말이 되는 소린가? 금방 막 울음이 터질 것 같은 기분으로 지하도 계단을 내려가는데 문득 제복을 입은 상가의 경비원이 보였다.
 "아, 아저씨! 파출소가 어디 있어요? 파출소요!"
 경비 아저씨를 붙들고 묻는 도중에 드디어 울음이 터졌다.
 "어? 파출소? 저기 계단 위에!"
 경비 아저씨도 뭔가 심상찮음을 느꼈는지 즉시 손짓을 하며 가르쳐 준다. 맞아, 파출소가 바로 위에 있었어. 나는 소리내어 울면서 파출소 가는 방향으로 계단을 급히 뛰어 올라갔다.
 "아저씨, 아저씨! 나 좀 봐요."
 급히 뛰어가는 나를 누군가가 다급하게 부른다. 상하 체육복을 입은 흐름한 차림의 젊은이였다.

"아저씨! 아저씨 시계 잃었죠? 파출소에 간다고 다 해결되나요? 이리 따라와 봐요."

그 청년은 나를 데리고 상가 쪽으로 내려갔다. 가다가 아까 간이탁자를 펴놓고 야바위꾼들이 영업을 하던 곳을 살펴본다. 나도 돌아다보았더니 아까까지 떠들썩하게 동그라미를 집으라고 소리치던 일당들이 탁자와 함께 사라지고 아무도 없다. 말로만 듣던 야바위꾼한테 내가 정통으로 걸려들었음을 다시 한 번 뼈저리게 느꼈다. 그 청년은 나를 상가 안의 한 간이음식점으로 데리고 갔다. 거기에는 웬 낯선 중년 남자 둘이 앉아 있었다. 그 젊은이도 같이 앉았다.

"당신 말이야. 파출소에 가면 다 해결되는 줄 알아?"

콤비 차림에 넥타이를 맨 중년 신사가 말했다. '이 사람이 야바위꾼 두목인가? 차림새로 봐선 전혀 아닌 것 같은데.'

"아, 예, 그게, 저……."

내가 머뭇거리자 그가 일장 훈계를 한다. 여기가 어딘 줄 알고 당신 같은 사람이 끼어드느냐, 무조건 파출소 가면 다 되는 줄 아느냐, 만약에 거꾸로, 당신이 이겨서 60만을 받았다면, 그걸 그냥 가져가려 했느냐, 정신 차리고 이런 곳엔 다시는 얼씬거리지 마라, 등등.

"야, 그거 네가 갖고 있지? 줘!"

그 신사가 체육복 차림의 젊은이에게 얘기하자 그 녀석이 주머니에서 내 시계를 꺼내서 건네준다. 아, 내 시계!

"아, 예. 고맙습니다."

고맙긴 뭐가 고마워? 내 시계를 되찾은 건데. 네 명이 마신 음료수 값은 내가 계산하고 일어섰다. 그들이 먼저 사라질 동안 나는 잠시 더

자리에 앉아 있었다. 진짜 무엇에 홀린 것 같았다. 불과 10여 분 동안에 천당과 지옥을 왕복했다. 이게 어떤 시겐데 감히 야바위꾼 손에 들어가게 해? 내가 제 정신이었던가? 잠시 지나자 두근거리던 가슴도 가라앉고 조금 진정이 되었다. 망치로 뒤통수를 한 대 얻어맞은 것 같은 느낌이었다.

그 날 나는 아무 일도 없었던 것처럼 집에 들어갔다. 김대홍이를 만났는데 일찍 보내주더라면서. 며칠이 지나고 난 뒤에야 간신히 아내에게 전말을 털어놓았다.

이 글 처음에, 나는 야바위꾼들이란 어떤 존재인지, 어떤 종류의 인간들인지 의문을 표시했다. 야바위란 뭔가? 그럴 듯하게 다른 사람을 속여서 돈을 따는 노름 아닌가? 그렇게 다른 사람들을 속여먹고 돈을 갈취하는 인간들을 경멸해서 야바위꾼이라 하지 않는가? 그럼 그들의 속성은 어떻고 본성은 뭔가? 그들은 정정당당하게 일을 해서 돈을 벌려 하지 않고 다른 사람을 속임으로써 손쉽게 그들의 돈을 뺏으려 한다. 그럼 왜 그런 짓을 할까?

그런데 그걸 알면서도 그 야바위판에 끼어 든 나는 뭔가? 나도 손쉽게 돈을, 그것도 거금을 한순간에 움켜쥐려는 욕심이 발동하지 않았던가? 그러다가 오히려 내가 경멸하던 그 야바위꾼한테서 훈계까지 듣지 않았던가 말이다. 만약 그 60만원을 벌었다면 내가 고이 그 돈을 갖고 나올 수 있었겠는가?

결국 나 자신도, 내가 경멸했던 그 야바위꾼들과 조금도 다름이 없는, 속에 욕심이 가득 찬 속물에 불과한 것이다.

사람과 사람 사이

사람은 누구나
각자가 하나의 우주인 것처럼
자신의 세계를 가지고 있다

"A대리님, 상의 드릴 일이 좀 있는데요."

어느 날 저녁, 그 날도 저녁을 먹고 들어와 남은 일을 마저 처리하고 밤늦게 퇴근하기 전이었다. 마침 A대리와 나, 둘만이 있게 되자 틈을 봐서 내가 그를 불렀다.

"왜? 무슨 일인데?"

"저기, B부서의 C대리 말인데요,"

나는 내가 안고 있던 고민을 A대리에게 상담을 했다. 업무상 서로 밀접한 관련이 있는 부서의 주무 대리인 C대리는 업무를 깔끔하게 챙기고 처리하는 것은 좋았다. 그러나 부서 대 부서 간 업무 협조가 필요한 경우에 상호 입장을 고려해서 서로 잘 되게끔 처리하면 좋겠는데

본부를 총괄하는 부서의 고참 대리인만큼 C대리는 항상 자기 부서의 입장을 먼저 헤아려서 업무를 처리하는 스타일이었다. 그것도 내 입장에서는 불만이지만 참을 만했다. C대리 입장에서는 그럴 수밖에 없으리라 이해도 했다. 그러나 업무를 떠나 인격적인 면에서 야박하게 대할 때는 참기 어려웠다. 그는 나보다 입사가 3년이나 빠르다. 내가 한 해 재수를 한 데다 ROTC 장교로 동기들보다 2년 더 연장 근무하고 소집해제 됐으니, 동년배 친구들보다 입사가 3년 이상 늦다. C대리는 정확한 나이는 모르지만 나와 동갑이거나 나보다 어릴 게다. 회사에 그보다 늦게 입사한 것이 전적으로 내 탓이라 누구 탓할 처지는 아니지만 그래도 내 맘은 편하지가 않았다. 그저께, 관련된 부서의 담당자들이 모여 업무회의를 하는 중 그는 유독 나에 대해서만 강한 반말로 업무 지시를 하는 등 까칠하게 대했다. 회의 참석자들 중 내가 나이가 제일 많다는 걸 다들 알고 있으니 나보다 어린 본인이 속된 말로 나만 조지면 다른 참석자들도 군기(?)가 잡힐 걸로 판단한 것 같다. 그러니 나도 적극적인 업무 협조보다 조금 소극적일 수밖에 없다. 업무를 떠나 사적인 자리에서도 그는 계속 자신의 권위를 내세우는 경우가 많았다. 물론 나보다는 3년이나 입사 선배이니 그가 그렇게 하는 것은 나쁜 것도 아니고 잘못한 것도 아닌, 자신의 입장에서는 지극히 당연한 것이었고 내가 참고 이해를 해야 하는 상황이었다. 어느 직장에서나 있을 수 있는 자연스런 현상이지만 그게 내 문제가 되니까 불편했다. 이럴 경우 내가 어떤 입장을 취해야 어려운 회사 생활을 원만하게 해나갈 수 있겠는가 하는 것이 내 상담 내용이었다.

내 얘기를 다 들은 A대리는 답이 없었다. 뭔가 생각하는 눈치였다. 당장 답이 필요하다기보다는 믿을만한 선배에게 내 속마음을 다 털어놓았으니 기분이 시원했다. 꼭히 그 선배의 답을 듣지 않아도 관계 없는 일이었다.

"김유수씨, 나 좀 봅시다."

다음 날도 역시 야근이 끝나고 퇴근 무렵, A대리와 나 둘이 남아있을 때였다.

"예, 대리님!"

"당신 요즘, 내 얘기를 어떻게 하고 다니는 거야?"

대뜸 힐난조로 내게 물었다. 갑작스런 엉뚱한 질문에 나는 어리둥절했다. 내가 자기 얘기를 어떻게 하고 다니냐니, 이게 무슨 얘기? 내가 반문했다.

"아니, 갑자기 그게 무슨 말씀이에요?"

"당신 어제, B부서 C대리 얘기 나한테 하지 않았나 말이야!"

그는 나를 계속 '당신'이라 칭하며 힐난조였다. 그렇다면? 갑자기 내 머리가 빨리 돌아가기 시작했다.

"아니, 그럼, 내가 다른 사람들한데 A대리님 얘기를 하고 다닌다, 그 말씀이에요?"

"그럼, 아니란 말이야?"

"혹시 누구한테서, 내가 그러더라, 그런 얘기 들으셨어요?"

"어제 당신이 C대리 얘길 나한테 했잖아!"

그는 두 번이나 C대리를 언급했다. 내 머리가 멍해졌다. 어제, 나의 고민을 믿을 만한 선배라고 A대리한테 얘기했었는데……. 당신이 어제 C대리 얘기를 나한테 한 걸 보면 당신 또 어디 다른 데 가서는 내 얘기를 그런 식으로 할 게 아닌가 말이야. 그러니 당신, 내 얘기를 어떻게 하고 다니는 거야? 나의 상담에 대한 그의 답이었다.

내가 말했다. 나는 어디 다른 데 가서 사람 말을 옮기고 하는 그런 사람이 아니다, 직장생활 하다 보면 여러 사람들을 만나지 않는가, 같은 부서의 상사, 선후배, 동료를 비롯해서, 여러 부서에서 근무하는 학교 동문, 군대 동기, 입사 동기, 신후배 등등, 심지어는 통근버스를 같이 타는 동료도 있잖은가, 그렇게 여러 사람들을 만나다 보면 그 중에는 뜻이 통하는 사람도 있지만 또 그렇지 않은 경우도 있다. 나랑 안 맞는 사람이라면 안 보면 그만이지만 업무상 만날 수밖에 없는 사람이라면 그것 또한 괴로운 일이 아닌가, B부서의 C대리님이 바로 그런 경우라서 내가 고민이 많았던 것인데, 그래서 C대리님과 관계 정립을 어떻게 하면 좋을까 하고 A대리님께 상의한 것인데, A대리님은 나와 맡은 업무는 다르다 하더라도 같은 부서에 있으니 내 업무 스타일을 잘 알 것이고, 또 군대 선배이기도 하니 나는 A대리님을 믿고서 아무에게나 하기 힘든 얘기를 한건데, 더구나 A대리님과 C대리님은 입사는 다르더라도 회사 내에서 동기 같이 지내는 것 같길래, C대리님의 성격도 저보다는 잘 아실 것 같아 조언을 듣겠다는 마음으로 말씀드렸던 것인데…….

"저는 그런 생각으로, 조언을 구하기 위해 C대리 얘기를 A대리님께

했던 겁니다. C대리 얘기를 한 것도 이번이 처음이고, 그것도 C대리가 나쁘다는 뜻이 아니라 나의 입장을 좀 이해해주었으면 좋겠다는 거였고, 더구나 A대리님 얘기는, 내가 하지도 않았고, 할 얘기도 없고, 할 사람도 없습니다."

나는 단호하게, 분명히 얘기했다. 한 사람 얘기를 다른 사람에게 함부로 해서는 안되겠구나, 그것도 좋지 않은 얘기를 해서는 절대 안되겠구나, 나는 D라는 사람을 믿는다고 생각하지만 D라는 사람은 나와 입장이 다를 수도 있겠구나, 나는 나의 입장에서 이러이러한 생각을 얘기했지만 듣는 사람은 자신의 입장에서 저러저러한 생각으로 달리 받아들일 수도 있구나, 사람마다 모두 각자의 세계가 따로 있구나…….

얘기가 끝나고 나는 혼자 생각에 잠겨 잠시 말없이 앉아 있었다. A대리도 그동안 말없이 앉아 있었다. 말은 안했지만 내 말을 듣고 상당히 미안해하는 표정이었다. 그러나 그는 직접 미안하다는 말을 하지는 않았다.

"갑시다."

한참 뒤, 그가 말했다. 다음 날부터 약 한 달 동안 우리는 서로 말을 하지 않고 지냈다. A대리가 여전히 미안한 듯한 표정과 제스쳐를 취했지만 나는 무시했다. 그러다 한 달 후, 크리스마스 이브 날 부서 송년회 때, A대리가 먼저 내게 잔을 내밀었다. 나는 그 잔을 받아 다 비운 후 즉시 돌려드리면서 말했다.

"A대리님, 미안합니다."

내가 먼저 사과할 일은 아니었지만 먼저 말을 걸었고 A대리와는 다시 관계를 회복했다.

    그러나 그 사건은 인간 관계에 대해, 사람과 사람 사이에 오가는 말들에 대해 내게 많은 것을 가르쳐 주었다. A대리도, C대리도, 그리고 나도, 하나의 독립된 개체이다. 각 개체는 태어난 연월일시가 다르고, 성장하고 교육 받은 가정, 학교, 지역 및 군대, 종교 등 기타 사회적 환경이 모두 다르다. 그런 사람들이 회사라는 한 울타리 안에서 같이 업무를 하다 보면, 한 사안을 두고도 서로 보고 판단하고 평가하는 관점이 다를 수 있다. 회사에서는 그런 의견들이 모여 서로가 공감하는 최종안을 만들고 업무를 수행하게 된다. 회사에서는 오히려 그런 점들을 더 바람직하다고 할 것이다. A대리, C대리도 삼성그룹에 입사할 수준의 훌륭한 능력과 인격을 갖추고 있다. 누가 좋고 누가 나쁘다가 아닌, 각 개체는 각자의 세계가 따로 있는 것이다. 본래 내가 말 수도 많지 않지만 그 후 다른 사람의 일을 제3자에게 옮기는 일은 내 사전에는 없었다.

        말하기 좋다 하고 남의 말을 말을 것이,
        남의 말 내 하면 남도 내 말 하는 것이,
        말로써 말이 많으니 말 말을까 하노라

                                        〈실명씨〉

"넥스트!"

> 패스트푸드점에서 내 차례가 왔다
> 그런데 종업원은 내 뒤를 보고 외친다
> "넥스트!"

고등학교 시절, 학교 도서관에서 유명한 A교수의 수필집을 읽은 적이 있다. A교수는 5, 60년대, 당시에는 그렇게 어렵다는 미국 비자를 받고 미국에서 공부를 하고 돌아왔으며 미국의 여러 교수들과도 친분을 유지하고 있었다.

미국에서 공부하면서 겪었던 여러 일화들을 소개하는 수필집이었는데 아직도 기억에 남는 한 편이 있다.

A교수는 미국 남부지방의 어느 도시에서 열린 학회에 참석했다. 거기서 미국인 B교수를 만났다. 같은 학문을 연구하는 교수와 얘기하다보니 B교수는 A교수가 재직하고 있는 대학의

C교수를 잘 알고 있었다. 물론 A교수도 C교수를 잘 아는 사이였다. A와 B 두 교수는 금방 친해져서 학문 이야기뿐만 아니라 여러 다른 이야기도 나누는 등 스스럼없는 사이가 되었다. 다음 날 B교수는 A교수에게 보여줄 게 있다며 자신의 집으로 저녁 식사 초대를 했다. B교수 집을 방문한 A교수는 B교수의 부인도 소개받았고 같이 식사도 했다. 셋이서 잠시 차도 마시면서 얘기도 나누었다. B교수가 A교수에게 보여줄 무엇을 찾으러 간 사이, A교수와 B교수 부인 둘만 있을 때 B교수 부인이 외출 준비를 했다. 그런데 그녀는 A교수 앞에서 그냥 옷을 갈아입는 것이었다. 겉옷뿐만 아니라 속옷까지 아무 거리낌 없이 A교수 앞에서 몽땅 갈아입었다! A교수는 갑작스런 상황에 어찌할 줄을 모르고 당황한 상태에서 B교수 부인의 알몸을 몽땅, 고스란히 보고야 말았다. 이를 어찌할꼬! 잠시 동안 A교수에게는 여러 가지 생각이 스쳐 지나갔다. 지금 이 순간을 B교수가 보면 어찌하나! 교수 부인이 나를 좋아하는 건가? 그럴 리가! 그럼 지금 이건 무슨 행동이며 무슨 의미인지? 그러나 B교수 부인은 외출 준비가 끝나자 아무 일도 없었다는 듯이 A교수를 거들떠 보지도 않고 그냥 나가버렸다. 잠시 후, B교수가 찾던 자료를 가지고 들어오면서 A교수에게 양해를 구했다. 자신의 아내가 일이 있어 외출했는데 A교수에게 인사를 못해 미안하다고 했다. 멍한 A교수는 B교수 부인의 얘기를 B교수에게 할 수가 없었다.

학회를 마치고 돌아와서도 A교수는 마음이 가라앉지 않았다. 이게 무슨 의미인가? B교수 부인의 마음을 알 수가 없었기 때문에 같은 미국인이자 B교수의 친구인 C교수에게도 얘기할 수 없었다. 한동안 갈등의 시간을 보낸 A교수는 얼마 후 한인 사회의 모임에 참가하였다. 거기서 A교수는 미국에서 오래 살았던 한인회장에게 사실을 털어놓았다. 이게 무슨 의미이며 내가 어떻게 해야 하느냐고.

　얘기를 다 들은 한인회장은 무슨 말을 할까말까 망설이더니 드디어 A교수 당신도 알아야 한다며 얘기했다. 미국, 특히 남부지방에서는 아직도 유색인종에 대한 인종차별이 심하다는 거였다. 물론 법적으로는 모든 사람이 다 평등하다고 하나 옛날 노예를 활용한 농업이 번성했던 남부지방에는 아직도 인종차별 의식이 남아있다고 했다. 그래서 B교수 부인이 남편과 셋이 있을 때는 그렇게 행동하지 않았다 하더라도, 한국사람이면서 황인종인 A교수와 둘이 있을 때 그 앞에서 옷을 갈아입은 것은 마치 집에서 기르는 가축들 앞에서 옷을 갈아입는 것과 같이 그네들에게는 아주 자연스러운 행동이라는 것이었다. A교수의 머리는 또 한 번 망치로 얻어맞은 것처럼 멍해졌다.

1989년에 6개월간 장기연수 일정으로 미국에 체류한 적이 있다. 뉴저지 주 한국인 집에 숙소를 구하고 뉴욕의 프루덴셜 베이치 증권회사에서 포트폴리오 매니지먼트를 배우는 과정이었다. 회사 내에는 백인뿐만 아니라, 흑인 및 나 같은 동양인과 히스패닉계, 아메리칸 인디언

등 여러 인종이 같이 근무하고 있었다. 그게 미국사회 아닌가? 미국은 여러 인종이 모여 이룩한 나라이니 이름도 유나이티드 스테이츠인 것이다. 물론 회사 내에서 내가 인종 차별을 받는다는 느낌은 전혀 없었다. 아니, 회사 밖에서도 전혀 차별을 받는다는 느낌은 없었다. 회사 내의 한 흑인 여성과는 약간 친하게 지내기도 했었다. 그 여성이 어느 날 지갑을 두고 왔는지 내게 20달러를 빌려달란다. 언제 갚겠다는 말은 없이. 난 두 말 않고 빌려줬다. 이틀 뒤에 그녀는 내게 20달러를 갚았다.

당시 나는 연수시간 외의 수말에는 한 주도 빠지지 않고 차를 운전하며 미국의 자연을 구경하러 다니기에 바쁜 시절이었다. 혼자서 차를 끌고 뉴저지 주 맨 남쪽 끝까지 내려가서 등대 앞에서 대서양을 바라보기도 했고, 미국 남북전쟁의 격전지 게티즈버그 야외박물관도 다녀왔다. 그럴 때면 반드시 들리는 곳이 패스트푸드점이다. 식사 및 화장실 문제를 해결해야 하니까. 화장실을 다녀온 후 주문하기 위해 줄을 선다. 패스트푸드 주문이야 간단하지 않은가. 버그 하나, 콜라 하나, 감자튀김 하나면 되니까. 앞 사람 주문이 끝나고 내가 주문하려는 순간, 히스패닉계 종업원이 내 뒤를 보고 소리친다.

"넥스트!"

'아니, 무슨 이런 경우가 있어? 내 차롄데.'

내가 속으로 화를 내는 동안 내 뒷사람이 말한다.

"이 사람이 먼저예요."

"아, 그래요? 당신 거기 있었어요? 왓 두 유 원트?"

마치 나를 못 봤다는 듯이, 이제야 봤다는 듯이, 갑자기 상냥한 미소를 지으면서 말한다. 속이 메스껍다. 무척 화가 났다.

'무슨 사람이 저래? 내가 여기 서 있었다는 걸 못 봤단 말야?

싸울 처지는 아니니 난 얼굴을 잔뜩 찌푸린 채 내가 원하는 것을 사 들고 자리에 앉아 먹는다. 기분이 참 안 좋다.

이런 경우를 두어 번 더 당했다. 이게 인종차별이라는 건가? 이 지구상의 최선진국이라는 미국에서도 이렇다면 남아공이나 호주 같은 데서는 더 심하다는 얘기 아닌가? 이런 내 경험과 느낌을, 내가 머물고 있는 한국인 집주인한테 얘기했다. 그는 나와 동갑이지만 벌써 10여년 전에 미국에 와서 미국생활에는 아주 익숙한 터였다.

"아, 여기 사람들은요. 일단 상대방 영어가 익숙하지 않으면 그러는 수가 있어요. 동양인이라도 미국식 이름을 쓰고 영어가 능통하면 그러지 않아요. 세계 각 민족이 모여 사는 사회이니까 일단 영어 가지고 판단을 하는 거죠."

그런가? 그럴지도 모르겠다. 내 영어가, 한국에서는 연수 파견 기준에 맞을 정도로 한다고는 하나 원어민처럼 완벽한 구사가 되는 수준은 아니잖은가? 그러니 여러 민족이 모여 사는 미국사회 구성원이 나를 볼 때 자기네가 상용하는 영어가 능통하지 않으니 외부 사람으로 보는 것이고 외부인에 대한 경계 내지 경멸은 어느 집단에서나 다 있는 상태다.

그렇게 이해를 해야 할까? 앞에서 예를 든 A교수가 60년대 미국에서 겪은 사례의 경우, 그는 B교수 부인에게 완전히 무시를 당한 경우다. 나의 경우, 한국인 집주인의 말대로라면, 일단 말을 건네보고 난 다음에 내 영어 수준에 따라 그 종업원의 태도가 달라져야 할 터인데, 그녀는 아예 나를 못 본 것처럼, 나를 바로 앞에 세워 두고서도 "넥스트!" 하고 내 뒷사람을 향해 외쳤으니 그녀도 나를 완전히 무시한 경우다.

60년대나 80년대나 정도 차이는 있겠지만 그런 기본 인식이 아직도 미국사회에는 남아 있었던 것 같다.

'횃불'과 '변강쇠'

이름은 자신을 한 단어로 나타낸다
이름이 나타내는 이미지를 따라
당사자도 그 이미지를 추구하게 된다

어느 회사나 다 마찬가지겠지만 삼성생명도 교육과정이 참 많다. 특히 직위가 승진했을 때는 삼성그룹 차원에서 승진자들을 대상으로 집합교육을 한다. 과장으로 승진했을 때다. 그룹 내 각 사의 과장 승진자들이 순차적으로 1주일간 합숙교육을 받았다. 그룹 내 회사 간 교류 차원에서 서로 얼굴을 익히라는 목적도 있는 것 같다. 한 기수에 약 50명 정도씩 참석했는데 그 중에는 같이 입사해서 신입사원 입문교육을 같이 받고 각각 다른 회사로 배정받았다가 과장 승진교육을 같이 받는 친구도 있었다. 신입사원 교육 때와 마찬가지로 50여명을 4개조로 편성을 해서 별도 조별교육을 하기도 하고 합동교육을 하기도 했다.

조편성을 하게 되면 으레 따르는 것이 조 이름 정하기다. 전체 교육생들이 모여 교육에 대한 안내를 받은 다음, 교육 진행자가 말했다.

"자, 이번 시간에는 각자 편성된 조별로 자리를 같이 해주시고, 조장을 한 명 선출합니다. 그리고 조원들이 의견을 합쳐서 조의 이름을 하나 지어주시고, 그렇게 이름을 정한 이유를 적어주세요. 다음 시간에 조장이 발표하도록 하겠습니다. 다 끝낸 조는 휴식해도 좋습니다."

그래서 조원들이 서로 머리를 맞댔다. 입사 동기가 아니라도 서로 비슷한 시기에 입사했으니 나이도 비슷하다. 우리는 즉석에서 서로 말을 놓기로 했다. 거기까지는 좋은데 누가 소상을 하며 조의 이름은 무엇으로 정하나? 당장 떠오르는 생각이 없어 서로들 눈치만 보고 있는데 A회사의 B과장이 한 마디 했다.

"보거라. 여기는 우리가 과장으로 처음 승진을 해서 신임과장 입문교육을 받는 자리다. 그러니 우리가 회사에서 어떤 위치에 있나 생각해 보는 게 좋지 않겠나? 내 생각인데 조 이름을 '햇불'로 정하는 게 어떻겠나? 우리는 회사 내에서 이제 한 과의 과장으로서 과원들을 이끌면서 주어진 목표를 달성하고 성과를 내야 하는데 신임과장들인 우리가 햇불이 되어 주위를 밝히며 과원들의 모범이 되어야 하지 않겠나?"

갑자기 분위기가 엄숙해지면서 다들 조용히 B과장의 얘기를 듣고 있었다. 그 말에 누가 토를 달 수 있을까? 우리 조는 가장 빠른 시간에 조의 명칭을 '햇불'로 정하고 조장은 바로 그 B과장이 맡았다. '햇불'로 정한 이유도 벌써 다 이야기된 사항이다. 나누어 준 모조 반절지에 조 명칭을 적고 선정 이유를 간략히 쓰고 우리 로고인 햇불도 찬란하게 그랬다. 우리 조는 가장 먼저 휴식을 취했다.

다음 시간에 각 조의 조장이 나와서 조 명칭과 그 선정 이유를 설명했다. 우리 조는 물론 B과장이 나가서 설명을 하여 가장 큰 박수를 받았다. 그런데 네 개의 조 중 한 조의 명칭이 '변강쇠'가 아닌가. 물론 다분히 장난끼가 깃들인 조 명칭인 줄은 다들 짐작했다. 그 조의 조장은, 우리는 힘이 넘치는 젊은 신임과장들이니 우리가 넘치는 에너지로 회사에 활력을 불어넣자는 의도라고 그럴 듯하게 설명을 해서 모두를 웃겼다. 팀의 로고도 한 남자 가운데 사타구니에 건전지를 달아놓은 그림이었다. 그때가 벌써 20여년 전이라 신임 과장 중에 여성이 없었기에 다행이었지 요즘 같았으면 어림도 없는 장난끼였다.

"자, 그럼 각 조별로 조 명칭에 어울리는 팀파워를 해주세요."

교육 진행자의 말에 모두들 폭소를 터뜨렸다. 그 다음 과정에 팀파워가 있을 줄은 아무도 몰랐다. '변강쇠'는 어떻게 팀파워를 할까? 모두들 그런 생각에 웃음을 터뜨렸던 것이다.

"야, 우리 횃불 하나 만들자. 내가 잠깐 뭐 좀 가져올게."

어느 회사 교육담당 과장이 뛰어 나가더니 연수원 진행과에서 태극기를 다는 깃대와 깃봉을 가져왔다. 그는 이 연수원에서 교육을 진행한 경험이 많아서 금방 아이디어가 떠올랐던 것이다.

"야아, 그거 끝내준다. 바로 횃불이네."

우리는 그 깃대와 깃봉을 가운데로 하고 둘러서서 구호를 외쳤다.

"우리는 횃불! 하나로 뭉친다! 횃불, 횃불, 야!"

역시 우리 팀이 가장 많은 박수를 받았다.

다음은 '변강쇠' 팀 차례. 저 팀은 어떻게 팀파워를 할까? 열 명 남짓

사람과 사람 사이

팀원들이 모두 마분지를 둥글게 말아들고 나오더니 그걸 사타구니 앞에 대고 둥글게 원을 그리며 뛰어 돌면서 아프리카 토인들처럼 괴성을 지르며 춤을 춘다. 그 바람에 전 교육생들이 책상을 치며 웃느라고 난리가 났다. 혹시라도 팀명을 바꾸라고 하지 않을까 하고 생각도 했었지만 교육 진행자도 같이 웃으며 그냥 진행을 한다.

다음부터 진행되는 교육과정에서는 주어진 과제 해결 등 모든 교육에 팀별 경진을 시켰다. 그러니 그때마다 '횃불' 팀은 횃불정신으로 똘똘 뭉쳐 교육에 임하고 '변강쇠' 팀 역시 변강쇠정신으로 교육을 받았다. 한 과제가 끝날 때마다 팀별 순위를 발표했는데 1등은 늘 '횃불' 팀이었고 꼴찌는 항상 '변강쇠' 팀이었다. 교육 중반쯤 '변강쇠' 팀이 안되겠다 싶었던지 팀명 변경을 시도했는데 다른 팀들이 '웃으며' 반대해서 그냥 '변강쇠' 팀으로 남았다. 교육 마칠 때 전체 성적도 '횃불' 팀이 1등, '변강쇠' 팀이 꼴찌였다. 그러니 이름 하나 잘 짓는다는게 얼마나 중요한가!

새로 태어난 아이 이름을 지을 때나 새 회사명을 정할 때, 기타 이름을 지을 필요가 있을 때 지금도 작명소를 찾거나 점 보는 집을 찾아가는 사람들이 많은 것 같다. 생년월일시를 따져보고 한자의 경우 획수나 변 등을 고려해서 좋은 이름을 짓는 것이 다 잘 되기 위함이 아닌가? 나쁘다는 이름보다야 좋다고 하는 이름이 물론 좋겠지. 요즘에는 한자 이름뿐만 아니라 한글 이름도 많이 사용하고 있으므로 옛날처럼 사주팔자나 획수 등을 많이 따지지는 않는다. 부르기 좋고 듣기 좋고 기억하기 좋으면 괜찮지 않은가 하고 쉽게 생각할 수도 있다. 거기에 덧붙여 새로 사업을 시작하는 경우 추구하는 이상에 맞게 좋은 이름을 선택한다면 그 이름을 위해서라도 사업이 잘 되지 않을까 싶다. 신임 과장 교육 시절의 '횃불' 처럼!

빗맞은 골프 공

실수는 누구나 할 수 있다
그러나 실수한 후 그에 대한 조치는
사람마다 다르다

싱가폴 국립대학교 MBA 시절에 골프를 처음 배웠다. 1학기에는 정신없이 공부하고 방학을 맞았다. 방학한 바로 다음 날 골프채를 구입하고 그 다음 날 골프 연습장에 레슨을 신청했다. 방학 동안에는 골프만 열심히 배울 작정이었다. 당시 회사에서는 회장의 골프 예찬론에 따라 부장급 사원들도 골프 배우기에 열을 올리고 있을 때였다. 싱가폴 가면 골프를 배워 오라고 결심(?)도 했다. 그래서 레슨을 받기 시작했는데, 10번 강습 시간 중 겨우 네 번을 받았는데 국내에서 외환위기 사태가 발생했다. 나라가 부도 날 상황에 빠졌는데 회사 돈으로 교육 받으러 와서 골프나 친다 할까봐 레슨 받으러 가지도 못했다. 얼마간 진정되고 나서 이미 낸 돈이 아까와 레슨을 마저 받았다. 처음에는 골프가 별로 어렵지도 않네, 하는 생각이 들기도 했다. 하지만 그건 골프가 아직 뭔지 전혀 모르는 상태였기 때문일 것이다.

드디어 회사에서 MBA 과정을 중단하고 복귀하라는 소환 명령이 왔다. 귀국하기 전에 한 번이라도 필드에 가보고 싶었다. 국내에 들어가면 어디 감히 골프장을 내가 가보겠는가 말이다. 그래서 아내와 지역전문가 교육 파견 온 황보 과장 등과 인도네시아로 골프를 치러 갔다. 배를 타고 30분 정도 가면 인도네시아 빈탄 섬인데 황보 과장이 예약을 해서 배에서 내리자 이미 안내자가 나와 있었다.

필드엔 그야말로 완전 처음이다. 보스턴 백도 준비하는 줄 몰라 그냥 골프 백에다 골프화 등을 넣고 갔다. 나와 아내는 처음이지만 황보 과장 등은 이미 경험이 있으니 그들을 따라 하면 되었다. 처음 티샷을 쪼루루~~~ 했다. 그래도 똑바로 굴러서 상당한 거리까지 갔다. 연습 때 정상 거리보다 조금 짧은 거리를 갔으니까. 대강 이렇게 하면 되지 완전 초보가 별 수 있나? 두 번째 티샷은 연습한 정도가 나왔다. 거 봐, 이렇게 연습한 대로만 하면 되잖아. 그러나 그 생각은 그때뿐이었던 것 같다. 다음 티샷 차례. 티잉 그라운드에서 보니 앞이 확 트인 필드다. 어디 한 번 마음껏 때려 보자. 그래서 힘차게 티샷을 했는데. 아뿔싸! 내가 티샷을 함과 동시에 황보 과장이 "어, 어!" 하더니,

"아, 큰일 났다. 뒷 사람 카트에 맞았어!"

하고 외쳤다. 나는 티샷하고 내 티 찾느라 공이 어디로 가는지도 못 봤다. 공이 어떻게 날아갔기에 뒷 사람 카트에 맞아? 나는 당시 상황이 얼마나 심각했는지도 몰랐다.

"부장님, 같이 가보셔야겠어요."

황보 과장과 같이 뒷 조로 갔다. 뒷 조는 중국계 남녀 두 사람이 골프를 치며 따라오고 있었는데 우리랑 싱가폴에서 같은 배를 타고 온 사람들이다. 카트 앞유리가 파손되어 있었다. 황보 과장이 먼저 사과를 했다. 그러자 곧 그 여성이 손을 저으며 얘기했다.

"아, 여기 괜찮아요. 공이 날아와서 유리가 깨졌지만 다친 사람 아무도 없으니 괜찮아요. 걱정 마셔요. 우리도 마찬가지로 완전 초보인 걸요. 정말 아무 일 없으니 걱정 마시고 플레이하셔요."

미소와 함께 손사래를 치며 걱정 말라고 하는 말에 다시 한 번 사과를 하고는 다시 골프를 계속 했나. 그 후로는 이떻게 진행이 되었는지도 모르게 다 마쳤다. 카트 앞유리 파손에 대해서는 50달러의 변상을 했다.

끝나고 생각하니, 내가 실수를 해도 엄청난 실수를 했다는 걸 알았다.

만약 그 공이 사람에게 맞았다면 어떻게 되었을까? 생각만 해도 아찔한 순간이었다. 그때 내가 친 공은 처음에는 필드 가운데를 향해 똑바로 잘 날아갔단다. 그러더니 중간 쯤에서 갑자기 거의 90도로 스핀을 먹고 우측으로 휘어져 날아가서 옆 홀에서 뒤따라오던 조의 카트에 맞았던 것이다. 정통으로 사람 머리에 맞았다면 사망 사고까지도 날 수 있는 상황이었지만 그나마 천만다행으로 사람을 피해 카트에 맞았던 것이다. 물론 우리가 먼저 찾아가서 사과를 하긴 했지만 그런 위험한 경우를 당하고도 그 중국계 여성은 아무도 다치지 않았으니 괜찮다고, 걱정 말고 플레이하라고 했다. 비슷한 상황을 역으로 경험했던 기억도 있다.

　아직 초보 시절, 고향 친구들과 골프를 했다. 잘 하는 친구도 있으나 다들 고만고만한 수준이다. 샷이 많이 안 맞다가 가끔은 잘 맞기도 하는 그런 실력의 친구들이다. 그러나 오랫동안 못 만나던 친구들이 모여 같이 운동하니 즐겁지 아니한가? 게임이 무르익어 갈 무렵, 우리는 어느 그린에서 모두 퍼팅 준비를 하고 있었다. 한 친구가 앉아서 라인을 읽느라 열중하고 있고 나는 그 옆에 서 있을 때였다. 무언가가 '툭' 하고 떨어지는 둔탁한 소리가 옆에서 들렸다. '이게 무슨 소리?' 하는 생각에 무심코 뒤를 돌아보니 골프 공 하나가 그린에 꽂혀 있었다. 그 공은 앉아 있던 친구의 약 50센티미터 뒤에 떨어졌다. 나한테서는 약 1미터 정도였다.

　"아니, 이 공이 어디서 날아왔지?"

　앉아서 그린을 읽던 친구도 놀라서 일어섰다. 그제야 정신을 차리고 주위를 둘러보니 저쪽에 있던 캐디가 다가와서는 뒷 조에서 날아온 거라고 알려준다. 캐디끼리 무선 통화를 한 모양이었다. 돌아보니 멀리 뒤따라오던 조에서 손을 흔들고 있다.

　"이게 저기서 날아왔다고? 이렇게나 멀리?"

　가끔 샷이 아주 잘 맞는 수가 있다. 아마 뒤에서도 이렇게 멀리 갈 정도로 잘 맞을 걸 모르고 친 것일 수도 있다. 우리가 맞았으면 큰 일 날 뻔 했지만 아무도 안 맞았으니 천만다행이다. 사태를 파악하고 친구는 놀라서 그러는지 그린 가장자리로 나가 있다. 그렇게 상황이 아주 심각했는데 뒤에서는 사과 한 마디 없이 손을 흔들고 있으니 내가 그만 화가 났다.

"아니, 뭐 저딴 것들이 있어."

"야, 캐디 아가씨! 이리 와 봐!"

나는 뒷 조에다 대고 소리쳤다. 누가 와서 사과라도 해야하는 거 아닌가?

아무리 다친 사람 없다고 해도, 아무리 고의가 아니라 해도, 이런 위협적인 샷이 있었는데 사과 한 마디 없다는 건 너무 하잖아. 잠시 게임이 중단되었다가 좀 안정이 되자 우리는 퍼팅을 시도했다. 그런데도 한참 있다가 우리가 그린을 벗어날 쯤에야 한 남자가 우리 쪽으로 뛰어온다. 아마 그 샷을 한 사람이리라. 그를 보고 다른 친구가 먼저 얘기했다.

"아니, 앞에 사람이 있는데, 샷을 그렇게 하면 어떡해요? 좀 조심하세요."

"아, 예, 그,……."

그 사람이 머리를 긁적이고 서 있는 사이 우리는 그렇게 그냥 이동했다. 물론 샷을 날린 당사자가 더 놀랐을 수도 있다. 아니, 진짜 더 철렁했을 것이다. 그런데도 먼저 사과 한 마디 없다는 건 너무 이상하지 않은가?

싱가폴에서 첫 필드 경험 때는 원인 제공을 한 우리가 먼저 뒷 조로 찾아가서 사과를 했었다. 그랬더니 뒷 조의 그 중국계 여성은 괜찮다고, 다치지 않았으니 걱정말라고, 계속 플레이하라고 사과를 너그럽게 받아주었다. 우리나라에서 있었던 사고도 물론 큰 위험이었지만 다행히 아무도 다치지 않았다. 그러니 원인 제공자가 먼저 사과만 했더라면 우리도 아무도 다치지 않았으니 괜찮다고, 계속 플레이하라고 했을 텐데. 그러면 굳이 내가 나서서 캐디 아가씨를 오라고 소리치지도 않았을 텐데. 내가 아량이 없는 건지 상대방이 너무 뻣뻣한 건지, 인간이란 참 오묘하다.

담배꽁초의 공포

사람은 변하지 않는다
꽁초 버리는 사람을 설득하기보다는
내가 무관심하게 바뀌는 것이
내 건강에 훨씬 낫다

몇 년 전에 아파트 분양을 신청해서 그 아파트의 1층에 당첨된 적이 있다. 아시다시피 아파트 1층은 선호층이 아니다. 그래서 아파트를 분양할 때 비로얄층인 꼭대기 층은 층고를 높임과 동시에 다락방을 서비스로 주고, 1층은 지하 수납공간과 별도의 단독 출입구를 만들어서 비호감을 커버한 아파트였다. 아무리 그래도 비선호는 어쩔 수 없지. 내가 추첨 운이 없어서 1층 1호를 뽑은 결과로 금액상으로도 로얄층보다 수 천 만원이나 차이가 났다. 그래도 어떡하랴. 내 탓이니 그냥 살아야지.

1층에 살아보니 장점도 많다. 우선 우리 아파트 1층은 아파트 통로

쪽에 있는 정규 출입문 외에 뒷 정원으로 바로 통하는 부출입문이 있다. 우리는 이 부출입문을 주출입문으로 삼아 생활하였다. 엘리베이터 기다리는 시간도 절약할 수 있고 엘리베이터를 이용하지 않는 1, 2층 주민에게는 엘리베이터용 전기료를 부과하지 않으니 전기료도 절약되는 건 별개로 하더라도 우선 출입이 편리하였다. 더구나 아파트 앞 정원도 넓고 뒷 정원도 넓어서 우리 마당과 같았다. 바로 앞 정원에 있는 나무의 가지들이 우리 집 창을 넘어 발코니 안으로까지 닿으니, 꽃 피는 봄이나 나뭇잎이 풍성한 여름, 그리고 단풍이 든 가을에는 그 나뭇잎들을 집 안에서 만져 볼 수 있다는 게 얼마나 좋은가? 앞 정원에 피어 있는 꽃의 향기를 아파트 발코니에서 느낄 수 있었다. 뒷 정원도 넓어서 잔디와 정원수들 사이로 우리 부출입문으로 통하는 보도가 깔려 있으니 매일 정원수들 사이로 들락거리게 되어 있다. 땅의 기운도 가까이서 받을 수 있으니 이 아파트 1층이야말로 바로 아름다운 단독주택 아닌가.

 그렇게 다 좋은데, 단 한 가지 안 좋은 게 있다. 자연과 관계되는 것이 아니라 사람과 관련되는 건으로, 바로 담배꽁초가 우리 뒷 정원에 떨어진다는 것이다.

 뒷 정원으로 통하는 부출입문을 열고 나오면 보도 양 옆에, 앞에, 잔디밭에, 정원수 위에, 심지어는 우리 출입문 계단에도 담배꽁초가 떨어져 있다. 떨어진 담배꽁초의 재가 흩어지지 않고 그냥 필터에 붙어 있는 걸 보면, 담뱃불을 비벼 꺼서 버린 것도 아니고 담배를 피우다가 불을 끄지도 않고 그냥 집어던진 것이다. 자신의 집 안에서는 식구들에게 담배 연기가 안 좋으니 뒷 베란다에 나와 담배를 피우고는 끄지도 않고 그냥 자신의 집 바깥으로 집어던지는 것이다. 처음에는 담배꽁초를 보는 대로 주워서 버렸다. 그러면서 이런 거 좀 고치자고 건의를 해봐야겠다고 생각했다. 한 달에 한 번씩 있는 반상회 때 아내가 가서 얘기를 했다. 담배꽁초 때문에 1층 주민은 고통 받고 있다고, 화재의 위험성도 있다고.

"우리 집엔 담배 피는 사람 없어요."

19세대 중 예닐곱 집의 주부들이 참석한 반상회에서 어느 고상하게 차리고 온 부인이 당당하게 얘기하더란다. 그렇겠지. 담배 피우는 사람이 없는 집에서는 너무도 당연히겠지. 다른 주부들도 도대체 누가 그런 몰상식한 짓을 하겠느냐는 듯한 표정을 짓더란다. 그럼 그 날 반상회에 참석하지 않은 집 중에 범인(?)이 있을까? 그 후에도 담배꽁초 투척은 멈출 줄을 모르고 지속되었다. 고통 중의 상고통이었다. 담배꽁초 노이로제에 걸릴 것 같았다.

"이걸 어찌해야 하나?"

안내장을 붙여봐? 효과가 있을까? CCTV를 달아봐? 누군지 찾기는 찾겠지. 설치 비용도 비용이지만 이웃간에 싸움이 날지도 모르고. 담배꽁초를 모아서 묻은 침을 분석하면 유전자 감식을 할 수 있을 거야. 그런데 어느 누가 DNA 채취에 응할까? 우리 집 정원 위에 차양을 칠까? 담배꽁초를 던지기만 하면 우리 뒷 정원에 떨어지는 것이 아니라 차양 위에 떨어지겠지. 그러면 2층 사람이 좋아할까? 담배꽁초 투척 범인을 색출하기 위한 별별 묘안이 다 떠올랐다. 결국 나는 가장 간단하게 게시판과 엘리베이터 안에 안내장을 붙이기로 했다.

안녕하세요? 저는 101호에 사는 주민입니다.

다름이 아니옵고 주민 여러분께 한 가지 당부드릴 말씀이 있습니다.

매일같이 저희 집은 담배꽁초에 시달리고 있습니다. 잔디밭에도 정원수에도 저희 집 출입문 계단에도 담배꽁초가 매일 떨어지고 있습니다.

불을 끄지 않은 담배꽁초라서 화재의 위험도 있습니다.

수고스러우시더라도 제발 꽁초를 던지지 말아 주시면 대단히 감사하겠습니다.

101호 주민 드림

그렇게 1층 복도 게시판과 엘리베이터 안에 붙였다. 그러나 하루도 가지 않아 안내장은 찢겨나가고 말았다. 다른 게시물들은 붙어있는데. 1년 동안 담배꽁초와 씨름을 했다. 모든 방법이 소용없었다.

"사람을 변화시키기는 정말 어렵군."

그렇다면 남은 방법은? 이사를 가거나 내가 변하는 수밖에 없었다. 그 뒤로 나는 지저분하든 말든 담배꽁초에 신경쓰지 않기로 했다. 우리 집 출입문 계단에 떨어진 담배꽁초는 귀찮고 더러웠지만 내가 주워 길에 버렸다. 뒷 정원 잔디밭에 떨어진 것은 그냥 두었다. 뒷 정원이 사실은 우리 집 소유가 아니니 내가 알게 뭐람? 청소 아줌마가 발견하면 줍지만 못 보면 그냥 그대로 있다. 까짓거 더러우면 어때? 이사 가면 그만이지. 그렇게 내가 변하고 내가 바뀌니 담배꽁초 노이로제도 없고 스트레스도 없다. 다른 사람을 변화시키기보다는 내가 변하는 것이 훨씬 낫다. 그 곳에서 3년만 살기로 작정했었는데 어찌하다 보니 8년을 살고 이사했다. 드디어 담배꽁초에서 해방되었다.

차량도 성격이 있다

차량도 그 나름의 성격이 있다
기계인 차량에 성격을 부여하는 것은
그 차량을 운행하는 사람이다

차량을 운행하는 모습을 보면 그 사람의 성격을 알 수 있다. 나는 성격이 좀 급한 편이어서 운전대를 잡으면 빨리 가려는 성향이 있다. 급발진과 급브레이크는 물론이고 수시로 차선을 바꾸며 조금이라도 빨리 가고 싶어한다. 그러니 아내가 조수석에 있으면 서로 많이 다툴 수밖에.

"자기는 항상 왼손이 깜빡이한테 가 있어."

아내의 말이다. 언제라도 틈만 나면 앞 차, 또는 옆 차를 추월하기 위해 차선을 바꿔야 하니 항상 왼손은 운전대와 방향지시등을 함께 쥐고 있는 걸 보고 하는 말이다.

"허허, 거 참. 그래도 앞 차선이 비어있으면 답답하잖아."

그렇잖은가? 앞 차가 다른 차들보다 천천히 달리는 바람에 그 앞차와의 거리가 많이 떨어져 있어서 옆 차선의 차들이 자꾸 내 앞차 앞으로 끼어들면 그것 참 답답하지 않을 수 없다. 그러니 차선을 바꿔서 나도 그 앞차를 앞질러 다시 그 앞에 끼어드는 것이다. 급발진과 급정차, 자주 차선을 바꾸는 내 운전 습관을 보고, 언젠가 내 차를 타신 직장 상사가 농담 삼아 한 얘기가 있다.

"김 부장은 꼭 조폭처럼 운전하네. 하하."

그런데 운전할 때 또 다른 내 습관은 앞차와 간격을 벌린다는 것이다. 물론 규정을 순수해서 100킬로미터로 달릴 때는 100미터, 50킬로로 달릴 때는 50미터 하는 식으로 벌리지는 않지만 다른 차들의 간격보다는 넓다는 의미다. 그런데 이것 때문에 큰 사고가 날 뻔한 적이 있다.

부산에서 근무하며 주말부부 생활을 할 때, 주로 새마을 열차를 이용하지만 가끔은 산타페를 끌고 부산과 수원을 오르내렸다. 어느 주말, 운전을 하며 수원으로 향할 때였다. 부산을 벗어나니 차량이 줄었다가 대구 근처에서 다시 정체가 되었다. 구미 근처를 지날 무렵, 고속도로 네 개 차선을 가득 메운 차들이 시속 약 80킬로미터 정도로 달리고 있었다. 차들 간의 간격은 차량 두 대가 들어가면 맞을 정도로 좁혀져 달리고 있는데 모든 차들이 같은 속도, 같은 간격으로 달리니 상당히 불안하다. 80킬로미터로 달리다 급정거 때 미끄러지는 상황을 고려하면 앞차와 거리는 80미터는 유지해야 정상인데 그렇게 간격을 띄우고 가는 차는 한 대도 없었다. 나도 운전 습관이 좋지 않지만 앞에서 얘기한 대로 앞차와의 간격은 다른 차들보다는 더 벌리는 습관이 있다. 당시 다른 차들의 앞차와 간격이 약 20미터라면, 나는 약 30미터 정도 띄우고 달렸다.

1차선으로 달리고 있던 내 앞으로, 2차선에서 달리던 은빛 그랜저 승용차가 깜빡이도 없이 끼어들기를 시도했다.

'이런 미친 녀석, 이렇게 좁은 데서 깜빡이도 없이!'

기분이 상한 나는 즉시 경적을 "빽!" 하고 울렸다. 참 지독한 녀석이군. 내앞이 쪼~꼼 넓다고 그 사이를 비집고 들어오려 하다니. 그 차가 끼어들면 나는 브레이크를 밟아야 했고 그러면 뒷차와 간격이 갑자기 더 좁아지니 뒷차가 나를 받을지도 모르는 상황이었다. 끼어들기를 시도하던 그랜저는 나의 경적 소리에 놀라 다시 차를 본래 자기 차선으로 되돌렸다. 문제는 여기서 발생했다.

2차선의 그랜저가 1차선으로 끼어들기를 시도하니 2차선 간격에 차량 한대 정도의 여유가 더 생긴 것이다. 그 잠깐 사이에 그 틈새를 비집고 3차선에서 달리던 1톤 정도의 소형 트럭이 2차선으로 끼어들기를 또 시도했다. 그 사이 내 차의 "빽!" 소리에 놀란 은빛 그랜저가 다시 자기 차선인 2차선으로 돌아가자 3차선에서 2차선으로 끼어들기를 시도하던 소형 트럭이 바로 내 옆에서 깜짝 놀라 급브레이크를 밟았다. 앞의 은빛 그랜저와 거의 부딪칠 뻔한 상황에서 급브레이크를 밟은 트럭은 조수석 쪽의 앞 뒤 두 바퀴가 약 30도 정도로 번쩍 들렸다. 트럭 운전기사의 몸이 좌측으로 기울고 트럭이 내 차 쪽으로 쓰러지며 내 차를 덮칠 것 같았다.

"으아~~~악!"

나는 비명을 지름과 동시에 엑셀을 더 밟았다. 트럭이 내 쪽으로 쓰러지더라도 충돌을 피하고 싶은 본능이었다. 트럭은 브레이크를 밟고 나는 엑셀을 밟았으니 트럭과 간격이 벌어졌다. 약 3, 4초 동안 트럭은 그렇게 왼쪽 두 바퀴로만 달리다가 다행히 "덜컥!" 하는 소리와 함께 오른쪽 바퀴가 바닥에 떨어지면서 균형을 잡았다.

"휴~~~, 다행이다."

내가 놀란 가슴을 쓸어내렸다. 그 사이 나와 트럭의 간격은 더 벌어졌다. 은빛 그랜저는 뒷 상황을 아는지 모르는지 벌써 저만큼 앞서 가고 있었다. 나는 상황을 파악하기 위해 속도를 늦추며 우측 백미러를 살폈다. 그 소형 트럭은 2차선에서 갓길로 빠져나와 차를 멈추고 기사가 차에서 내리는 모습이 보였다. 트럭이 2차선에서 제 자리를 잡은 후 3, 4차선을 거쳐 갓길로 가는 동안에 뒷 차량들은 잠시 정체를 보였다. 동시에 내 앞 차들은 제 속도로 다 달아나 내 앞 고속도로는 텅 비는 현상이 발생했다.

'저 트럭 기사가 얼마나 놀랐을까?'

만약 트럭이 옆으로 쓰러졌더라면 트럭 기사는 사망했을지도 모르고 뒤따르던 차량들의 연쇄 추돌로 대형 사고가 발생했을 상황이었다. 2차선의 은빛 그랜저가 내 앞으로 끼어들기를 시도한 시점부터 소형 트럭이 "덜컥!" 하고 제 자리를 잡을 때까지 불과 10초도 안 걸렸다. 다행히, 정말 다행히도 좀 더 정체된 것 말고 사고는 없었다.

추풍령 휴게소에서 잠시 휴식을 취하면서 당시 상황을 다시 짚어보았다. 고속도로를 꽉 메운 차들이 시속 80킬로미터의 속도로 달리는

데, 다들 앞차와의 간격은 겨우 20미터 정도. 나는 그보다 좀 더 넓어 약 30미터 정도. 그걸 못참고 2차선을 달리던 그랜저가 1차선을 달리던 내 앞으로 끼어들려 시도하고 나는 못 끼어들게 "빽!" 하고. 놀란 그랜저가 다시 자기 차선으로 돌아가자 그 사이를 노리고 3차선에서 2차선으로 끼어들던 트럭이 돌아오는 그랜저와 추돌할 뻔하자 급브레이크를 밟고. 그 급브레이크 여파로 차량이 좌측으로 30도 기울어 한 쪽 바퀴로만 약 3, 4초 동안 미끄러저가다 섰다. 다행히 뒷차와의 연쇄 추돌은 없었지만 트럭 기사가 사망할 수도 있었던 상황! 겨우 10초도 안 되는 시간 동안에 일어난 일이었다.

만약 그때, 정말 사고가 나서 트럭 기사가 사망이라도 하고 대형 연쇄 추돌 사고로 이어졌더라면, 사고의 책임은 누구에게 있을까? 뒤에서 달리는 차는 안전거리를 확보할 의무가 있는데도 지키지 않았으니 트럭 뒤의 차 책임인가? 사건의 발단은 내 앞으로 끼어들기를 시도한 그랜저였지만 내 차나 그랜저나 트럭과 추돌이 없었으니 법적 책임에서는 자유롭다. 그런데 앞서 그랜저가 끼어들도록 유도(?)한 건 나였다. 내가 다른 차들보다 차간 거리를 좀 더 넓게 유지하고 있었으니까 성미 급한 그랜저가 끼어들기를 시도했고 성격 못된 내가 그걸 못 참고 "빽!" 했으니 그랜저가 놀래서 돌아갔고 또 다른 급한 성격의 트럭 기사가 3차선에서 2차선으로 끼어들다 돌아오는 그랜저에 놀라 급브레이크를 밟는 바람에 차량이 전복할 뻔한 것이다.

찬찬히 따지고 보니 내 잘못이 제일 컸던 것같다. 그랜저가 끼어들더라도 "빽!"만 안했더라면, 내가 속으로 욕은 좀 했겠지만 그랜저는 자기 차선으로 돌아가지 않고 1차선으로 끼어들었을 것이고 내가 속도를 좀 늦추는 것으로 상황이 끝났을 것이다. 3차선에서 2차선으로 끼어든 트럭도 그냥 잘 달렸을 것이고, 4차선에서 또 누가 3차선으로 끼어들지는 모르지만. 아무리 그렇다 하더라도 그 상황에서는 제일 먼저 그랜저가 끼어들기를 시도하지 말았어야 했다.

놀란 가슴을 캔사이다 하나로 달래고 다시 수원으로 차를 출발시켰다. 아까 상황을 되새기며 안전운전에 최대한 집중했다.

"모든 사고는 다 사람 탓이다."

한 수 앞을 내다보다

의사 소통 방법!
질문을 하기 전에 먼저
자신의 입장을 충분히 설명해야지……

다음 이야기를 이해하기 위해서는 먼저 서울 지하철 2호선 성수역의 구조를 알 필요가 있다.

서울 지하철 2호선은 서울 시내를 타원형으로 순환하는 노선이다. 복선 철도이니 외선 순환과 내선 순환이 있다. 타원형으로 회전하는 복선 철도가 서로 교차하지 않으니 바깥에서 회전하는 선을 외선 순환이라 하고 안쪽에서 순환하는 선을 내선 순환이라 부른다. 2호선 지하철은 진행 방향에서 보면 지상의 차량과 같이 우측 통행이다. 그러니 외선 순환선은 시청역에서 신도림, 사당, 강남역을 거쳐 잠실, 성수역을 지나 시계 반대 방향으로 회전하고 내선 순환선은 시계 방향으로 순환한다.

한편, 서울 지하철 1호선 지하 구간은 서울역에서 청량리역까지인데 이 지하 구간의 진행 방향이 지상의 차량들 운행 방향처럼 우측 통행이 아니라 국철의 통행 방식을 따라 좌측 통행이다. 청량리 방향에서 버스를 타고 와서 종로 5가에서 서울역 방향으로 가는 지하선 1호선으로 바꿔 탄다면, 지상에서는 우측 통행이다가 지하에서는 좌측 통행이니, 이정표를 잘 보고 헷갈리지 않아야 다시 지하철을 바꿔 타야 하는 불상사를 면할 수 있다.

지하철 2호선 성수역에서 차량기지가 있는 1호선 신설동으로 연결되는 노선이 있다. 그래서 성수역 플랫폼은 순환하는 2호선의 내선, 외선 플랫폼과 신설동을 오가는 플랫폼 외에 여분의 플랫폼도 있어 역시 이정표를 잘 보고 타야 다시 차를 바꿔 타는 불상사를 피할 수 있다. 순환하는 2호선이 가끔 플랫폼을 바꿔 들어오기도 하는 까닭이다. 이 성수역은 환승역이므로 오가는 승객들도 많은 편이다.

어느 날, 시청역에서 잠실 쪽으로 가기 위해 지하철 2호선 내선 순환선을 탔다. 차가 성수역에 정차하고 승객들이 내리고 타는 동안 차내 방송으로 기관사의 목소리가 흘러나왔다.

"에~~ 이 차는 앞차와의 거리 간격을 유지하기 위해 잠시 대기하겠으니 승객 여러분께서는 안전한 객차 안에서 잠시만 기다려주시기 바랍니다."

그런가 보다, 하고 무심히 기다리고 있는데 갑자기 어떤 중년 여성이 황급히 객차에 승차하더니 문 가장자리에 앉아 있던 젊은 학생에게 갑자기 급한 목소리로 질문을 했다.

"아저씨, 이 차 $%·&#*@예요?"

갑작스럽게 질문을 받은 그 학생은 핸드폰을 만지고 있다가 그 소리를 듣고 머리를 들었으나 전혀 무슨 얘기인지 못 알아들은 것 같았다. 건너편 가운데 좌석에 있던 나도 무슨 말인지 몰랐다. 그러자 그 여성은 즉각 그 옆에 앉은 젊은 여성에게 상당히 다급한 목소리로 재차 같은 질문을 했다.

"저기, 이 차 %$#@ 가는 거예요?"

그러나 그 젊은 여성 역시 귀에서 이어폰을 빼내면서 얼굴을 드는 게 전혀 무슨 말인지 알아듣지 못한 표정이다. 그 중년 여성은 그 옆에 나란히 앉아있는 젊은 남성에게 다시 급한 목소리로 묻는다.

"아저씨, 이 차 왕십리 가는 거예요?"

그러는 사이, 아마도 약 15초 정도는 흘러간 것 같다. 승객들이 다 타고 내린 상황에서 15초 정도라면 출발하기를 기다리는 데는 상당히 긴 시간이다. 나도 말을 알아들었다. 이 차가 왕십리 쪽으로 가는 차냐고 묻는 것이다. 왕십리 방향으로 가는 차가 아니라면 금방 내릴 자세다. 이제야 상황을 알겠다. 그 중년 여성은 왕십리 방향으로 가는 차를 타야 되는데 여기가 환승역인데다 가끔 전동차가 플랫폼을 바꿔서 들어오기도 하니 이 차가 왕십리 방향으로 가는 차가 맞는지, 아니라면 내려서 바꿔 타야 하니까 긴박하게 묻는 것이다. 전동차의 출입문 개폐 시간이 내리고 탈 사람이 다 타고 내리면 곧 출발하는 정도의 짧은 시간이니 그녀는 상당히 급한 것이다.

그 청년도 그 말은 들었다. 왕십리 가는 차냐고? 그러나 그도 갑작스런 질문을 받고는 잠시 생각하느라고 고개를 들고 주변을 살피고 있다. 먼저 질문을 받았던 사람들도 '이 차가 어디로 가는 거지?' 하고 생각하는 눈치였다. 아무도 대답을 않는다.

"아, 이 차 잠실 가는 차예요. 얼른 내려서 건너편 차 타고 가세요."

그제서야 상황을 파악한 객차 안의 할아버지 한 분이 저 쪽 건너편에서 큰 소리로 외쳤다. 그러나 그녀는 그 말을 듣고도 내릴 생각은 않고 출입문 손잡이를 잡고 꼼짝도 않는다. 아니, 이 차가 잠시 대기한다고 했지만 언제 금방 문 닫고 떠날 지도 모르는데 왜 빨리 안 내리고 뭐 하는 거지?

"아, 아줌마! 빨리 내려요. 이 차 금방 갈 거니까!"

아까 그 할아버지가 다급한 목소리로 짜증스럽게, 큰 소리로 말했다. 여기까지의 상황이 약 30초는 걸렸을 것이다. 정말 빨리 안 내리고 뭐하는 거야? 그제서야 그 중년 여성이 작은 목소리로 대답했다.

"저 잠실역 가는데, 이 차가 반대 방향으로 가면 내리려고 그랬어요."

"허어, 푸아, 피시."

그 말을 듣고 객차 내의 사람들이 실소를 터뜨렸다. 모두가 그제서야 일의 전말을 알게 된 것이다. 그 중년 여성의 목적지는 잠실역이었다. 플랫폼에 와보니 전동차가 하나 서 있는데, 본인이 이제 막 도착했으니 이미 와서 서 있는 이 차가 잠실역 방향으로 가는 건지, 왕십리 방향으로 가는 건지 잘 몰랐던 것이다. 성수역이 환승역이라 가끔 차가 다른 방향으로 서기도 하니까. 그래서 일단 차가 출발하기 전에 빨리 방향을 확인할 필요가 있었다. 그래서 그녀는 이 차가 왕십리 방향으로 가는 차냐고 급하게 물었던 것이다. 맞다고 하면, 내려서 다른 차를 타야 하니까. 그녀는 다른 사람들보다 한 수 앞을 내다보고 질문을 급하게 던졌던 것이다.

"에이, 이 양반아! 자기가 가는 방향을 물어야지. 에이!"

아까 그 할아버지가 큰 소리로 핀잔을 주었다. 그동안 그녀는 출입문 손잡이를 잡고 뒤돌아서서 아무에게도 얼굴을 보여주지 않았다. 그 할아버지가 핀잔을 준 다음에도 차는 약 30초 정도 더 머물다가 출발했다. 차가 다음 역에 도착할 때까지 손잡이를 잡고 꼼짝 않던 그녀는 다음 역에서 내렸다. 잠실역까지 가려면 아직 몇 정거장 더 가야 하는데.

원효대사와 해골 바가지

사람의 행동은 마음에서 나온다
생각을 바꾸면 이 세상 모든 것이
아름답게 보인다

2010년 겨울, 송파동으로 이사했다. 석촌호수를 바로 내려다보는 경관이 좋은 아파트였다. 그 전에도 석촌호수는 한 두 번 와 봤지만 집 발코니에서 내려다보는 경관은 정말 훌륭하다. 송파동 주민센터에 주민등록을 옮기고 송파동 성당으로 교적도 옮겼다. 아직 신자들과 안면이 많지 않을 즈음인 한 달쯤 후 성당에서 여러 교우들 틈에서 그 사람을 보았다.

'아니, 저런 모습으로 여러 사람 모인 데 나타나다니……!'

나는 물론 그 분이 누구인지 전혀 몰랐다. 양복을 말쑥하게 차려 입었지만 얼굴이 짓 찌그러진 게 아주 혐오스러운 모습이었다. 나는 무언가 보지 않았어야 할 것을 본 것처럼 얼굴을 찡그린 채 고개를 돌리고 얼른 다른 곳으로 자리를 옮겼다. '저런 혐오스러운 모습을 한 사람은 여러 사람 모이는 곳에 안 나타나는 게 좋은데……' 하는 생각에 얼굴을 씽그리고 고개를 돌렸던 것이다.

한 달쯤 뒤에 그 사람을 또 만났다. 나는 얼굴을 찡그리고 고개를 돌렸지만 그 사람은 다른 남녀 신자들과 아무런 거리낌 없이 악수도 하고 웃으며 서로 얘기를 주고 받고 있었다. 참 이상도 하지!

그런데, 그 해 오월 성모의 밤 행사 때 성모님께 드리는 기도 시간에 아, 그 혐오스런 얼굴의 신사가 나와서 성모님께 드리는 기도를 하는 게 아닌가!

'아니, 저 사람이 누구길래?' 하며 그의 기도 얘기를 들었다.

> 그는 우선, 이렇게 자신이 살아서
> 다시 성모님께 기도 드릴 수 있는 기회를 가질 수 있음을
> 감사드린다고 했다.
>
> 몇 년 전에 집에 불이 나서
> 집이 다 타고 모든 가재도구가 다 타고
> 자신의 몸도 일부가 타고 얼굴도 망가지고…….
>
> 그래도 한 가지 자신에게 위안이 있었다면 그것은
> 성당에 다니면서 성모님을 알게 되었던 것이라고…….

> 자신이 모든 것을 다 잃고 몸도 다 망가지고
> 생명마저도 위태로운 지경에 이르렀음에도
> 다시 삶의 의지와 희망을 가지게 된 것은
> 성모님의 사랑과 성모님에 대한 믿음 때문이라고…….
>
> 죽음 앞에서도
> 자신이 믿고 의지할 수 있는 성모님이 계시기에
> 자신의 생과 사를 포함한 모든 것을 맡기고
> 성모님께 기노드리배
> 이렇게 살아있게 해 주심을 감사드린다고…….
>
> 앞으로 다시 얻은 자신의 생은
> 성모님과 모든 다른 불행한 이웃을 위해 바치겠노라고…….

'아, 그랬었구나!!!'

송파동 지역은 단독주택들이 많다. 얼굴이 저렇게 되도록 집에 화재가 났다면 미루어 짐작이 간다. 잘은 모르겠지만 아마 가재도구는 물론이고 단독주택의 집 전체가 다 타고 옷을 입어 안 보이지만 신체의 일부도 망가졌을 것이다. 죽음을 앞둔 상황에서도 삶을 포기하지 않은 것은 무엇인가에 대한 믿음과 희망이 있기 때문이 아니겠는가? 그는 마침 가톨릭 신자이다 보니 주님과 성모님에 대한 믿음과 희망이 있었던 것이다. 요즘처럼 의술이 발달한 시대에 망가진 얼굴도 성형을 하면 될 텐데, 다른 사정이 있는지는 모르겠지만 그는 마치 훈장(?)처럼 화상 입은 얼굴 그대로 당당히 세상에 맞서 살아가고 있다. 적어도 그 자신에게는, 그리고 그를 아는 모든 다른 사람들에게도, 그의 화상 입은 얼굴이 전혀 장애가 되지 않는 것이다.

생각이 바뀌자 그에 대해 저절로 고개가 숙여짐을 느꼈다. 다른 신자들이 그 분을 왜 거리낌 없이 그렇게 대했는지 이해가 되었다. 다시 그 분을 자세히 보니, 화상만 입지 않았더라면 아주 잘 생긴 얼굴이었을 거라는 생각이 들었다.
"말씀 잘 들었습니다."
나중에 밖에서 마주쳤을 때 인사했더니 말없이 웃으며 내 손을 잡았다.

옛날 신라시대에 당나라로 유학을 떠나던 원효대사가 날이 어두워지자 노숙을 하게 되었다. 도중에 목이 말라 잠이 깬 대사는 주변을 더듬거리다가 바가지에 담긴 물을 찾아 맛있게 목을 축였다. 날이 밝은 다음 날 봤더니 어둠 속에서 맛있게 마셨던 물이 해골 바가지에 담긴 물이었음을 알고 마구 토해내고 역겨워 하다가 문득 깨달았다.
"모든 생각과 행동은 다 내 마음으로부터 나오는 것이다."
원효대사가 해골 바가지를 보고 깨달은 것은 해골 바가지의 정체를 알았기 때문이 아니었을 것이다. 해골 바가지의 주인이 누구였든 관계없이 눈에 보이는 외부 사물을 있는 그대로 보지 못하고 어떤 선입견을 갖고 대하는 자신의 마음이 문제가 있음을 간파했던 것이 아닐까?
그런데 나는 그 화상 입은 얼굴의 신사를 처음에는 있는 그대로 보지를 못했다. '저런 혐오스런 얼굴로 어떻게 여러 사람들이 모이는 곳에……' 라고 생각했었다. 그 사람과 스스럼 없이 대하는 다른 사람들이 오히려 이상하게 느껴질 정도였으니까. 그러다가 나중에 그 사람의 사정을 듣고는 이해를 하게 되었다

얼마 뒤, 지하철을 타고 가다가 한 뇌성마비 장애인을 만났다. 미소를 지으려고 노력하는 그 얼굴은 그럴수록 더욱 일그러져 보이고 손과 발은 뒤틀려 있어 잡지도 걷지도 제대로 못하지만 그래도 어떻게든 해보려고 애를 쓴다. 송파성당 그 신사를 만나기 전이라면 그냥 그 장애인을 피했겠지만 그가 내 옆자리에 앉아도 전혀 불편함을 안 느꼈다. 일부러 도와 주지 않아도 혼자서 지하철을 타고 다닐 정도는 되지 않는가? 그렇다면 과도한 친절은 오히려 부담이 아닐까? 그냥 보통 일반 사람인 것처럼 대해 주는 것이 더 낫지 않을까? 옆자리에 앉아 같이 가는 동안 서로 몸이 닿아도 내색을 하지 않고 고개를 돌려보며 미소를 보냈다. 본래 표정이 그런지 아니면 내게 미소로 답례를 보내는 것인지 애매했지만 그도 내게 미소를 짓는다. 그렇게 몇 정거장을 같이 앉아서 갔다.

내가 감히 원효대사의 깨우침을 논할 자격은 없지만 원효대사는 혐오스런 대상을 보고도 그것의 본래 모습이 무엇이었든 관계 없이 자신의 마음을 바꾼 것이라면 나의 경우는 혐오스런 대상의 본래의 모습이 나를 안심하게 만든 게 아닌가 하는 생각이 든다.
생각을 바꾸면 이 세상 모든 것이 아름답게 보인다.

구걸 영업 전략

동정심을 유발하는 동정영업이냐
주고 받는 보상영업이냐에 따라
구걸영업에도 큰 차이가 있다

어느 날 퇴근 무렵, 지하철에서 버스로 갈아타기 위해 전철역 출입구를 올라갈 때였다. 조금 많은 사람들이 계단을 올라가고 내려오느라 붐비는 와중에, 계단 중간에 종이박스를 깔고 앉아 구걸하고 있는 할머니가 있었다. 우연히 그 할머니와 눈이 마주쳤다. 그 할머니는 이가 하나도 없는 입을 활짝 열고 소리 없는 미소를 내게 보냈다. 그 순간, 아! 그 해맑은 미소에 반해 나도 같이 미소를 지었다. 그리곤 나도 모르게 지갑을 꺼내서 천 원짜리 지폐 하나를 그 할머니에게 건넸다. 할머니는 아무 거리낌도 없이 당연히 받아야 할 것을 받는 것처럼 인사 대신 더욱 해맑은 미소를 보내왔다. 나도 같이 미소를 보내고 계단을 올라왔다. 마치 어린아이의 때묻지 않은 소리 없는 미소처럼 어쩌면 할머니의 미소가 그렇게나 깨끗할까? 더구나 지하철역에 나와앉아서 오가는 사람들한테 구걸하는 처지임에도 그렇게 맑은 미소를 지을 수 있을까? 그 할머니의 미소가 아직도 또렷이 기억되고 있다.

지하철 계단에서 구걸하는 이들을 보면 대개 시멘트 바닥에 넙죽 엎드려 머리는 바닥에 처박고 손만 위로 향하게 벌리고 있는 게 보통이고, 플라스틱 바구니를 앞에 놓고 앉아 있는 경우에도 지나가는 사람들에게 가능하면 불쌍하게 보이려는 자세로 비굴한 듯한 미소를 짓고 있는 경우가 많다. 가끔 바구니에, 손바닥에 동전을 얹어주는 사람도 보이지만 대다수의 사람들은 못 본 척 무심히 지나치기 마련이다. 나도 평소에는 그런 무심한 사람들 중의 하나였다. 그런데 그 날 만난 할머니는 바구니는 앞에 있었지만 지나가는 사람들과 눈인사라도 하려는 듯이 눈을 마주치며 해맑은 미소를 짓고 있었던 것이다. 그게 할머니의 영업 방침(?)인지는 모르겠으나 그렇다 하더라도 그 미소가 너무 좋았다. 구걸을 하더라도 그 할머니처럼 구걸영업 방침을 고객들에게 맞추는 게 좋을 것 같다.

그 후 나는 지하철에서 만나는 구걸하는 사람들에게 그들이 전문적이고 직업적인 구걸인으로 생각되지 않는다면, 최소 하루에 천 원 이상은 보답(?)을 하리라 생각했다. 전문적이고 직업적인 구걸인이란 내 판단으로는, 지하철에서 하모니카를 불면서 바구니를 들고 지나가는 맹인 구걸인이나 다리 없는 구걸인이 고무다리를 바닥에 끌면서 녹음기를 틀어놓은 작은 수레를 밀고 다니는 사람들이다. 그들의 영업 방침은 그저 동정심을 유발하는 방법뿐이어서 맘에 들지 않기 때문이다.

다음 날부터 내 결심을 바로 실천에 옮겼다. 당시에는 영업직을 담당하고 있을 때라 외근할 경우가 많았다. 서울 시내는 승용차보다 대중교통을 이용하는 편이 훨씬 편리하다. 출퇴근 시간대를 피하면 대중교통도 크게 붐비지 않기 때문에 구걸영업하는 사람들도 출퇴근 시간대에는 없다. 출퇴근 시간에는 사람들 사이를 비집고 다니기도 어렵기 때문이다.

어느 날 오전, 2호선을 타고 강남으로 가던 중이었다. 한 젊은이가 껌을 잔뜩 들고 구걸영업을 한다. 건너편의 한 아주머니가 천 원 지폐를 건네주며 껌을 거절하고 도로 그 젊은이에게 준다. 그러자 그 젊은이는 다시 그 껌을 아주머니에게 쥐어주고 돌아선다. 그렇지, 그렇게 하면 그건 구걸이 아니고 껌팔이 영업이지. 그가 내 앞에 왔을 때 나도 천 원 지폐를 건네주고는 내 스스로 껌통에서 자일리톨 껌을 골라 집었다. 그는 나에게 껌을 파는 영업을 한 것이고 나는 그에게 동정심에서 그냥 지폐를 건넨 것이 아니라 그에게서 껌을 샀던 것이다. 서로가 맘이 편하다.

오후에 회사로 돌아오는 지하철에서는 종이쪽지를 돌리는 사람을 만났다. 무릎에 종이쪽지를 놓아도 대부분의 사람들은 아예 그걸 손으로 만지지도 않는다. 우리에겐 너무나 익숙하고 귀찮은 일 아닌가? 나는 그 종이를 받아 읽었다. 일찍이 부모를 여의고 어쩌고 역시 평범한 문구였다. 그러나 그의 손에는 볼펜 한 타스가 들려있었다. 그도 동정구걸이 아니라 볼펜 판매영업을 하고 있었다. 사무실에는 흔하디 흔하게 굴러다니는 볼펜이지만 이번에도 나는 천 원에 볼펜 한 자루를 샀다.

다음 날엔 껌도 볼펜도 없지만 구걸영업을 하고 나서 그 보답으로 간단한 멘트와 함께 노래를 불러 보답하는 사람도 만났다. 노래값 천 원. 그렇게 며칠을 다녔다. 그 사이 그게 습관(?)이 되었는지 동정심만 유발하며 길거리를 기어가는 고무다리에게도 천 원짜리를 넣게 되었다. 물론 아무런 보답(?)도 돌아오지 않았다. 하루에 3, 4천 원이 쉽게 나갔다.

그러던 어느 날, 지하철에서 무료하게 앉아가다 보면 졸리기도 하는 법. 역시 2호선을 타고 강남으로 나가던 중 깜빡 잠이 들었다. 얼마나 지났을까? 누가 나를 흔들어 깨운다. 아차, 이거 지나쳤나? 어디까지 왔지? 같이 가던 동료가 나를 깨웠겠지? 아니, 나는 혼자인데? 당황해서 주변을 살피는데 나를 깨운 사람이 웃으며 나를 들여다본다. 아니, 이 분이 누구시더라? 정신을 차리고 보니 내가 내릴 역은 아직 지나지 않았는데 내 앞에서 손을 내밀며 웃고 있는 노인은 구걸하는 사람이었다.

"아니, 이게 뭐야!"

순간적으로 짜증 섞인 말이 튀어나왔지만 습관적(?)으로 내 손이 지갑을 찾아내더니 천 원짜리를 꺼내 그 노인에게 주는 것이었다. 하아, 그리고 보니 자는 사람을 깨워서 구걸을 하는 영업도 있군.

그 이후로는 구걸영업인들과 더 이상 거래를 하지 않았다. 그전에는 전혀 무관심하다가 처음 구걸영업인들에게 관심을 가진 건 그전에 만났던 할머니의 미소 때문이었는데, 그래서 주고 받는 영업의 개념으로 거래를 했던 것인데, 일주일 정도 지나보니 하루에 3, 4천 원 지출되는 것이 부담도 되었지만 자는 사람을 깨우면서까지 행하는 구걸영업을 경험하고는 다시 무관심으로 돌아갔다.

구우일모(九牛一毛)의 다른 의미

아홉 마리 소의 수많은 털 중 하나!
그 털 하나의 가치는 얼마나 될까?
과연 미천한 존재에 불과할까?

큰 황소 한 마리에 털이 몇 개나 붙어있을까? 도저히 짐작이 가지 않는다. 그렇다고 헤어보기도 어렵다. 과연 얼마나 될까? 전혀 개수를 헤아릴 수 없는 건 아닐 것이다. 가령, 황소의 등 어느 한 부분에서 사방 1센티미터, 즉 1평방센티미터 정도를 떼어 낸 후 그 안의 털을 헤아리는 것은 어렵지만 추정할 수는 있을 것 같다. 자녀나 배우자의 머리털을 헤쳐보라. 머리털이 1평방센티미터 안에 몇 개나 있을 것 같은가? 사람의 머리털 수는 그래도 좀 듬성듬성 박혀 있어서 추정하기가 조금은 쉽다. 집에서 기르는 애완견의 털을 1평방센티미터 당 몇 개나 있는가 한 번 시도해보라. 어렵다. 그러면 1평방밀리미터 안에는 얼마나 있을까? 1밀리미터 직선에 애완견의 털이 촘촘히 100개는 들어갈 것 같다. 그러면 1평방밀리미터 안에는 1만개의 털이 들어 있다. 같은 방법으로, 1평방센티미터는 100평방밀리미터이므로, 그 안에는 100만 개의 털이 있다고 추정이 가능하다. 맞는가? 다음에는 황소의 표면적을 구해서 평방센티미터로 환산해서 곱하기 100만 개 하면, 황소 한 마리의 털 수를 추정해 볼 수 있다.

그러면 황소 한 마리의 표면적은 얼마나 될까? 다 큰 황소가 서 있을 때 땅에서 소의 등까지 높이는 대략 1.2미터 정도다. 땅에서 소의 배까지는 대략 50센티미터 정도다. 그럼 소의 배부터 등까지의 높이는 약 70센티미터. 소의 목에서부터 엉덩이까지는 약 2미터 정도 되는 것같다. 소의 배를 길다시 펀디고 가정차면 목부터 엉덩이까지 소의 면적은 대략 1.4미터×2미터 하면, 약 2.8제곱미터다. 소의 배는 둥글게 부풀어 있으므로 적분을 사용해야 정확한 면적이 나오겠지만 그건 매우 어렵다. 대신 2.8제곱미터의 10%를 더해주자. 2.8×1.1 하면 3.08. 즉, 약 3.1제곱미터가 나온다. 아직 할 일이 더 남았다. 머리와 네 다리의 면적을 더해야 한다. 대략 감으로 봐서 소의 배 전체 면적의 약 30% 정도가 아닐까? 그래서 30%를 더하니 3.1×1.3은 4.03. 즉, 황소 한 마리의 표면적은 약 4제곱미터로 추정된다. 4제곱미터는 4만제곱센티미터이므로 4만×100만 개 하면, 황소 한 마리의 털은 대략 400억 개로 추정된다. 믿거나 말거나.

소 한 마리의 털의 개수가 400억 개이므로, 소 아홉 마리의 털의 개수는 3,600억 개가 된다. 즉, 구우일모(九牛一毛)는 3,600억 개의 털 중 하나가 되니, 하찮고도 하찮은 존재인 것이다. 이 말은 중국의 사마천이 처음 사용했다고 하는데 사마천이 살던 시대의 지구 총인구는 몇 명이나 됐을까?

사마천의 구우일모(九牛一毛)를 나는 사마천과는 다른 의미로 사용해볼까 한다. 지금 이 지구상에 살고 있는 사람은 약 70억 명이라고 한다. 나 한 사람은 70억분의 일이니 구우일모보다는 훨씬 낫다. 그러면, 호모 사피엔스 이래로 모든 사람들이 죽지 않고 다 살고 있다면, 즉 태어나기는 하지만 죽지는 않는다면, 그 총인구는 얼마나 될까? 각 나라마다 인구 통계를 산출하면서 매년의 출생률과 사망률을 계산하고 있으니 유엔본부에서 세계 전체의 평균 출생률과 사망률 자료를 얻고 출생률만을 근거로 역추적해 들어가면, 정확성 여부는 별개로 하고 추정은 가능할 것 같다. 혹시나 구우일모에 해당하는 3,600억 명이 아닐까?

그 숫자가 얼마가 되든, 이 세상에 태어났던 인간들은 다 자신들의 인생을 살고 갔다. 앞에서 본 하루살이가 멋진 일생을 살고 갔듯이 그들 모두 각자가 처한 환경에서 최선을 다해 일생을 보낸 것이다. 아프리카에서, 유라시아대륙에서, 남북아메리카 땅에서, 북극과 남극 근처에서도, 각자 자신들이 처한 환경에서 최선을 다해 살았다. 각자의 환경에서 최선을 다한 결과 우리 인간들은 지역별로 서로 독특한 문화를 형성하며 번성하기 시작했다.

중국의 황하 유역, 인도의 인더스강 유역, 메소포타미아와 이집트 지역, 그리고 아메리카의 마야문명과 잉카문명. 호모 사피엔스 이래 이 지구상에 살았던 사람들이 3,600억 명이라고 한다면, 그 3,600억 명 한 사람, 한 사람 모두 자신이 처한 환경에서 최선을 다 해 일생을 살아주었기 때문에 오늘날의 인류사회가 형성되지 않았을까?

각 문명의 구성원 중에는 물론 지도자처럼 큰 역할을 한 사람도 있지만 작은 역할을 하거나 하찮은 허드렛 일을 하거나 혹은 오히려 방해가 되는 역할을 한 사람도 있을 것이다. 중요한 역할을 하든 방해되는 역할을 하든 그 모든 사람들이 각자의 역할을 충실히 다 하고 살다 갔기에 현재의 우리 인류사회가 있게 된 것이 아닐까?

 소의 털이 다 같은 털인 것처럼 보이지만 배에 난 털, 등에 난 털, 눈가, 귓볼, 꼬리, 엉덩이, 콧잔등에 난 털들이 모두 각자의 위치에 따라 각자의 일을 다하고 있기 때문에 소가 소의 모습을 하고 있는 것이다. 따라서 소의 털 하나가 구우 중의 일모라 하더라도 하찮은 존재가 아니라 각자의 위치에서 자기 역할을 다하고 있는 소의 한 구성 분자인 것이다.

죽음과 종교와 신

〈잊혀진 질문〉
죽음의 경험
그들만의 리그
사주팔자(四柱八字)
기도발
믿으려면 옳게 믿어라?
제사 이야기
종교와 과학의 통합

삼성그룹의 이병철 선대 회장은 타계하기 약 한 달 전에, 신의 존재 여부와 영혼의 불멸, 천국의 존재 등에 대해 의문을 가졌다. 물론 선대 회장뿐만 아니라 종교인이든 비종교인이든, 유신론자든 무신론자든, 이 세상의 모든 사람들이 다같이 가지는 의문이 아닐까? 죽음과 종교와 신은 어떤 관계가 있을까?

사람은 모두 죽는다는 것을 알고 있다. 선사시대부터 인류는 영혼의 불멸을 믿었다. 사람을 영혼과 육신으로 분리하여 육신은 죽더라도 영혼은 죽지 않고 내세에서 영생한다는 것이다. 내세의 존재와 영혼불멸 사상이 곧 종교로 발전했다. 그 내세에는 어떤 초월적 존재가 있어 그를 믿거나 그와 같이 될 때 인류가 구원을 받고 영생하거나 열반에 들게 된다고 한다.

종교에도 그 초월적 존재를 인식하는 방식에 따라 그리스도교, 유대교, 이슬람교 등 인격신을 믿는 유일신교가 있고 힌두교와 같은 다신교, 불교와 같은 무신교, 내세를 말하지 않는 유교도 있다. 이 종교들은 상호 어떤 관계가 있을까?

선사시대부터의 종교의식이 불교, 그리스도교 등의 탄생으로 이어졌지만 르네상스 시대 이후 과학의 발전으로 과학과 종교가 가끔 충돌하기도 한다. 지동설을 주장한 갈릴레이는 종교재판을 받았다가 사후 360년 뒤에야 사면되었다.

현대과학의 발전으로 종교에 대한 시각도 많이 달라졌다. 여러 과학자, 철학자들이 과학적으로, 기타 방법으로 신의 존재를 부정한다. 찰스 다윈의 진화론은 일부 과학자들이 신의 존재를 부정하는 논리의 토대가 되었다. 하지만 그들은 유일신교의 인격신만을 언급하며 그 존재를 부정함으로써 설득력이 반감된다.

그럼 나는 신의 존재를 믿는가? 다음 이야기들은 인간의 죽음과 이들 종교의 관계, 종교와 신의 관계, 과학과 종교의 문제 등에 대해 나의 생각을 정리해 본 내용들이다.

〈잊혀진 질문〉

25년 전 타계하신 이병철 선대 회장도
죽음을 앞두고 신을 찾았다
죽음과 종교와 신은 어떤 관계가 있을까?

잊혀진 질문이란 책이 있다. 1987년 타계한 이병철 삼성그룹 선대 회장이 운명하기 약 한 달 전에 그 질문지를 만들었단다. '신의 존재를 어떻게 증명할 수 있나?'라는 첫 질문부터 '지구의 종말은 언제 오는가?'라는 마지막 질문까지 총 24개의 질문을 구술한 것을 필경사가 받아 적었다고 한다. 그 질문지는 1987년 당시 절두산 성당의 박희봉 신부를 통해 정의채 몬시뇰에게 전달되었다. 정의채 몬시뇰과 이병철 선대 회장의 만남이 주선된 상태에서 선대 회장의 갑작스런 별세로 만남은 무산되었다. 결국 이병철 선대 회장은 자신의 질문에 대한 답을 듣지 못하고 운명하였다.

그 후 25년 동안 그 질문지는 잊혀져 있다가 최근에 다시 발견되었다. 〈무지개 원리〉의 저자 차동엽 신부가 25년 전에 못한 답변을 최근에 책으로 내놓았다.

나는 이병철 회장을 삼성그룹에 입사했던 1984년에 뵌 적이 있다. 당시 소문으로는 이회장은 신입사원들 면접을 꼭 직접 보셨다고 들었는데, 우리 때는 면접장에 직접 오지 않으셨다. 당시 태평로에 최신 공법으로 지었다는 동방생명(현 삼성생명) 빌딩의 준공식에 그 분이 참석하셨는데 그때 옆으로 지나가시는 모습을 뵈었다. 저 분이시구나. 저 분이 삼성그룹 회장이시니 바로 우리 회장님이시구나. 우리나라 최고의 부자라고 어릴 적부터 그 이름을 익히 들었던 분. 보통 키에 약간 슬림한 체격, 인자한 듯 하면서도 엄격해 보이는 얼굴이었다.

그리고 3년 뒤인 1987년 11월, 나는 해외출장에서 귀국 3일 전, 일본에서 회장의 타계 소식을 들었다. 그렇다면 한 달 전, 내가 한창 출국 준비로 바쁠 즈음에 회장께서는 그 질문지를 작성하신 셈이다.

그 24개의 질문들을 읽어 보았다. 회장은 평소에 신봉하는 종교가 없었던 듯하다. 신의 존재 증명부터 진화론과 같은 과학과 종교 사이의 문제, 종교란 무엇인지, 영혼이란 무엇인지, 지구의 종말 등은 비종교인들이 흔히 의문을 품고 있는 질문들이다. 당신의 죽음을 예견하신 것인가? 그 중 눈에 띄는 질문 세 가지가 있다. 14항, '인간이 죽은 후에 영혼은 죽지 않고 천국이나 지옥으로 간다는 것을 어떻게 믿을 수 있나? 15항, '신앙이 없어도 부귀를 누리고 악인 중에도 부귀와 안락을 누리는 사람이 많은데 신의 교훈은 무엇인가? 16항, '성경에 부자가 천국에 가는 것을 약대(낙타)가 바늘구멍에 들어가는 것에 비유했는데 부자는 악인이란 말인가?' 등이다.

14항 질문을 보면, 당신의 죽음을 예견한 회장은 내 몸은 죽더라도 내 영혼은 죽지 않을 것이니 그럼 내 영혼은 어디로 갈까, 하고 고민하신 듯하다. 즉 영혼불멸을 내심으로는 그럴 거라고 생각하고 있지만 확신을 못하겠으니 영혼불멸과 천국, 지옥을 확신하고 있는 가톨릭 신부의 확답을 듣고 싶어하신 게 아닌가 싶다. 그 옛날 호모 사피엔스 시절부터 사람은 누구나 몸은 죽어도 영혼은 죽지 않는다고 믿어왔지만 알 수가 없으니 당연한 질문 아닌가? '과연 나도 죽을 때가온 것인가? 내가 죽으면 어디에 내 영혼의 자리가 있을까? 천국일까, 지옥일까? 살아온 과거를 돌이켜 볼 때, 내 영혼이 과연 천국에 갈 수 있을까 하는 의문이 들기도 하지만 만약 지옥이라면, 거긴 정말 가기 싫은데. 그래, 과연 영혼이 죽지 않는다는 얘기나 천국이나 지옥이 있다는 걸 도대체 어떻게 믿을 수 있단 말인가?'

누구나 다 품음직한 질문이지만 남들과 다른, 평범하지 않은 일생을 살고 가시는 당신께는 가장 절박한 질문이었을 것 같은 생각이 든다.

15항 질문 역시 당신에게 해당되는 절실한 질문으로 느껴진다. 회장은 우리나라 최고의 부자로 일생을 사셨다. '나는 종교인도 아니고 신을 믿지도 않았고 신앙도 없는데, 그럼에도 불구하고 나는 이렇게 남들이 다 인정하는 부자가 아닌가? 이건 무슨 의미인가? 한편, 이 세상에는 죄를 저지른 악인들도 부자인 경우가 많은데 이건 또 뭔가? 나는 악인인가? 내가 나라법을 어겼다고 하는 건 저들이 사업의 본질을 잘 모르고 하는 소리 아닌가? 사업도 사업이지만 내가 나라의 발전을 위해 얼마나 애를 썼는데. 나의 사업 기준으로는 나는 악인이 아니지만 국법을 어겼다고 악인이라 한다면, 과연 나는 악인에서 자유로울 수 있을까? 내가 악인이라면 그럼 내가 부자인 것은 왜인가? 신이 있다면 인간들에게 과연 무엇을 가르치기 위함이란 말인가?

이 회장은 질문지 작성 당시에 혹시 이런 생각을 하신 것은 아닐까? 당시 삼성그룹의 사훈은 〈인재제일, 사업보국, 국리민복〉이었다. 사업을 하기 위해서는 훌륭한 인재를 뽑는 게 제일 우선이고, 그 인재를 활용해 사업을 일으켜 나라에 보은하고, 국가를 이롭게 하며 국민을 행복하게 하는 게 당신의 뜻이었기 때문이다.

16항 질문은 가장 직접적으로 회장의 가슴에서 우러나온 질문처럼 느껴진다. '성경에 의하면, 부자가 천국에 가는 것은 낙타가 바늘구멍을 빠져나가는 것보다 더 어렵다고 했으니, 부자는 결코 천국에 갈 수가 없다. 나는 부자다. 그러니 나는 결코 천국에 갈 수 없다. 천국에 갈 수 없는 사람은 죄를 지은 악인들이니 그럼 부자인 내가 악인이란 말인가? 내가 왜? 사업을 하다 보면 혹시 국법을 조금 지키지 못하는 경우도 있기는 하지만 나는 사업보국, 국리민복의 의지로 사업을 해오지 않았던가 말이다. 그런데도 단지 부자라고 해서 내가 악인이라고? 그래서 천국에 못간다고? 이게 말이 되는가?

당시 이 질문을 하신 회장의 마음이 혹시 이와 같지 않았을까? 이 회장이 지금까지의 당신의 삶을 반추하고 정리하는 과정에서 보여주는 가장 인간적인 모습이 바로 이 질문에 나타난 것이 아닌가 생각된다.

종교인도, 비종교인도, 무신론자도, 죽음 앞에서는 다 신앙인이 되고 유신론자가 되는 것인가? 다 그렇지는 않을 것이다. 그러나 육신의 죽음을 아무도 피할 수 없다는 것은 모든 사람들이 다 알고 있다. 또한 육신은 죽더라도 우리의 영혼은 죽지 않고 영원히 산다는 것을, 다는 아니라 하더라도, 많은 사람들이 믿고 있다. 그럼 영생하는 영혼은 어떻게 되는가? 바로 여기에 이병철 선대 회장 뿐만 아니라 이 세상 모든 인간들의 의문이 담겨 있는 것이다.

사람은 모두 죽는다는 것은 불멸의 진리다. 불사를 원했던 중국의 진시황도, 우리나라 제일의 부자인 이병철 선대 회장도, 그 어느 누구도 죽음을 피하지 못한다. 한동안 유행하던 단어인 웰빙(well-being)이 어느 새 사라지고 요즘에는 웰다잉(well-dying)이라는 단어가 그 자리를 대신하고 있다. 어떻게 죽는 것이 웰다잉인가?

이병철 선대 회장도 죽음을 앞두고는 신의 존재와 종교에 대해 관심을 가졌다. 죽음과 신과 종교는 어떤 관계가 있을까?

죽음의 경험

죽었다가 살아난 사람이 있는가?
과학적으로 사후의 세계를
명확히 밝힐 수 있는가?

죽어본 적이 있는가? 이상한 질문이다. 이 세상 아무도 죽음을 경험했던 사람은 없다. 죽었다가 다시 살아난 사람은 아무도 없다. 인간의 사후세계에 관한 여러 책들이 있다. 아주 오래 전에 그런 종류의 책을 읽은 적이 있다. 죽었다 살아난 자들의 경험.

한 젊은 아가씨가 사고로 죽었다가 살아났다. 사고 순간은 아직 숨이 붙어 있었다. 구급차에 의해 급히 응급실로 옮겨졌다. 인공호흡 등 몇몇 응급조치들이 취해졌다. 그러나 결국 의사의 사망선고를 받았다. 그 순간 그 아가씨는 자신이 육신에서 분리되는 기분을 느낀다. 나는 병실 천장에서 아래를 내려다보고 있다. 침대에 누워있는 나의 몸을 똑똑히 볼 수 있다. 자는 듯하다. 아니, 내가 왜 저기서 자고 있지? 내 몸을 붙들고 격렬하게 울부짖는 엄마를 발견한다. 반가와서 소리친다. 엄마, 나 괜찮아. 왜 그래? 엄마의 몸을 흔들었지만 엄마는 전혀 느끼지 못하고 계속 울면서 침대에 누워있는 내 몸만 만지고 있다. 엄마의 울음과는 관계 없이 나는 마냥 기분이 좋다. 그때, 아빠가 굉장히 놀란 표정으로 급히 병실 문을 열고 들어선다. 나는 내 몸과 엄마를 그냥 두고 병실을 나가려다가 아빠와 부딪쳤다. '앗, 아빠!' 그러나 아빠는 전혀 아무 것에도 부딪치지 않은 것처럼 곧장 내 몸이 누워있는 침대로 급히 다가간다. 그런 엄마, 아빠를 두고 병실을 빠져나왔다. 굉장히 기분이 좋고 무엇인가가 나를 인도하는 듯하다. 어떤 찬란한 빛이 인도하는 대로 따라갔다. 그 빛을 통해 나는 내 과거가 파노라마처럼 순식간에 지나가는 것을 본다. 주위에는 이름 모를 온갖 아름다운 꽃들이 화려하게 피어있다. 너무도 아름다워 꽃에 손이 가는 순간, 나는 엄마가 내 몸을 흔들며 울부짖는 소리를 들었다. 나는 손을 들어 엄마의 볼을 만졌다. 울지 마, 엄마. 그렇게 나는 다시 살아났다.

기억나는 대로 대강 재구성해 보면 위와 같은 얘기다. 믿을 만한가? 나는 죽었다가 다시 살아나지는 않았지만 의식을 잃었다가 다시 회복한 적은 있다. 나는 기억 못하지만 내가 그랬다고 들었다.

1995년 여름, 삼성생명 재직 시 두 달 간 미국 연수를 간 적이 있었다. 삼성금융그룹과 미국 뉴욕대학 간에 체결한 맞춤 MBA과정에 약 30여 명의 직원이 현지교육을 받았다. 8주간의 교육 후 우리에게는 1주일 간의 인프라 견학시간이 주어졌다. 마음대로, 가보고 싶은 대로 북미 지역을 여행하며 보고 느끼는 교육이다. 나는 뉴욕에서 시애틀로 날아가 그 곳에서 지역전문가 과정 중에 있는 같은 부서의 하 대리와 합류했다. 같이 옐로우스톤 국립공원을 견학하기로 계획을 세웠던 것이다. 시애틀에서 옐로우스톤까지 운전하고 가는 데 하루, 옐로우스톤 국립공원을 견학하는 데 하루를 보내고 다음 날 시애틀로 돌아오는 길에서 교통사고를 당했다. 트윈 폴스를 구경하려고 가는 도중, 차들도 거의 없는 시골 작은 교차로에서 우측에서 직진하던 차가 신호를 보지 않고 달려오다가 직진하는 우리 차를 들이받은 것이다. 당시 조수석에서 지도를 보며 내비게이터를 하고 있던 나는 사고 순간 아무 것도 몰랐다. 서로가 빠른 속도가 아니어서 큰 사고도 아니었던 것 같았는데 그 순간 나는 정신을 잃었다. 운전하고 있던 하 대리는 아무런 부상이 없었다. 어느 순간에 구급차가 달려오고 나는 병원 응급실을 거쳐 중환자실에 입원했다. 내가 정신이 깨어나서 일반 병실로 옮기는 데 만 하루가 걸렸다. 의식이 돌아오고 들은 얘기는, 사고 순간 내가 정신을 잃었고, 외상이나 출혈이 없어 큰 사고가 아닌 줄 알았는데 병원에 와서 보니 우측 갈비뼈가 하나만 제외하고 다 부러졌더란다. 충격이 조금만 더 커서 폐를 다쳤다면 사망할 수도 있었는데 다행히 갈비뼈가 폐 등 내장을 보호한 덕택에 큰 사고를 면할 수 있었단다. 그랬던가? 나는 몸을 움직일 수 없는 점을 제외하고는 모든 게 정상(?)이었다. 그런데, 내가 하룻동안 의식을 잃고 있었다고? 그 만 하룻동안의 일을 나는 전혀 아무것도 기억하지 못한다.

앞에서 예를 든 그 젊은 아가씨는 정말 죽었다가 살아난 것이 맞을까? 그녀의 영혼이, 그녀가 죽은 후 육체와 분리되어 공기처럼 떠돌며 느끼고 생각하다가 다시 돌아온 걸까? 그럼 내가 의식을 잃고 있었을 때를 기억하지 못하는 것은 무엇 때문일까? 내가 그녀처럼 일시적이나마 사망선고를 받지 않았기 때문일까? 아니면, 그녀의 상상력이 나보다 뛰어나서 그녀가 지어낸 이야기가 아닐까? 그리고, 나 말고도 교통사고 등으로 하루이틀 간 의식을 잃었다가 깨어난 다른 사람들도 많을 텐데 혹시 그런 사람들은 의식을 잃었던 기간 동안 기억나는 게 없을까?

약 25년 전에 나의 숙모님이 돌아가셨다. 숙모님은 관절염이 심하셨는데 어느 날부터 혼수상태에 빠지셨다. 중환자실에서 하루 종일 큰 소리로 코를 고시면서 잠만 주무시는 거였다. 중환자실로 면회를 가도 깨어나시기는커녕 계속 코만 고시면서 거의 한 달을 잠만 주무셨다. 소위 말하는 뇌사 상태였다. 결국 사촌 형님이 댁으로 모셨고 영면하셨다. 숙모님은 영면하신 후 그 젊은 아가씨와 같은 그런 화려한 길을 가신 걸까? 만약 깨어나셨더라면 나와 같이 아무 것도 기억 못하는 것이 아니라 어떤 경험을 하셨다고 말씀하셨을까?

죽음 이후 영혼의 존재 여부부터 영생에 이르기까지 아무 것도 알 수 없지만 세계 각국의 신화나 고대 종교, 고대 유물들을 보면, 대다수의 인류가 사후에 영혼이 있어 영생한다고 믿고 있는 것 같다. 그리고 그 사후의 영혼을 관리(?)하는 어떤 형태의 초월적 존재가 존재한다고 믿는 것 같다. 물론 요즘 시대에는 과학의 발전으로 무신론자가 많은 것도 사실이다. 〈만들어진 신〉의 저자 리처드 도킨스, 지금은 사망했지만 〈신은 위대하지 않다〉의 저자 크리스토퍼 히친스 같은 무신론자들이 신이 없음을 확신하려면, 우리 인간이 죽은 뒤에 어떻게 되는지도 과학적으로 설명할 수 있어야 하지 않을까? 사망한 히친스가 다시 살아와서 죽은 뒤의 경험을 말해주면 좋겠는데……

그들만의 리그

유신론과 무신론의 논쟁은
서양 중심 유일신교의 반쪽짜리 논쟁이다
소위 말하는 그들만의 리그!
동양의 불교는 신의 존재를 논하지 않는다

30여 년 전 동경사 병참근무대에서 출납 장교로 근무할 당시 어느 날, 나는 따뜻한 봄햇살을 온몸으로 느끼며 연병장 한 구석 창고 앞의 언덕진 곳에서 혼자 선 채로 해바라기를 하고 있었다.

'햇빛이 참 따뜻하다.'

햇빛을 받으며 한동안 그렇게 서 있다가 무심코 왼쪽 발을 축으로 해서 오른쪽 발을 들어 뒤돌아섰다. "앗!" 그 순간 언제 다가왔는지도 모르게 3. 5톤 군용 트럭이 후진해서 다가오며 내 왼팔을 스쳐 지나갔다. 바로 내가 서 있던 그 자리로 그 트럭의 오른쪽 뒷바퀴가 지나가는 것이었다. 만약 내가 그냥 그대로 서 있었더라면 그 트럭이 바로 나를 치었을 것이다. 내가 그 자리에서 즉사했거나 아니면 크게 다쳤을 상황이었다. 후진하던 운전병이 그제서야 나를 발견했다.
"충성!"
그 녀석은 '아니, 출납관님이 왜 여기 계시지?' 하는 표정으로 경례를 했다. 아까 내가 치일 뻔한 상황을 전혀 모르는 눈치였다.
'이 자식이!'
나도 말없이 그 녀석을 쏘아보며 경례를 받았지만 놀란 가슴을 혼자 쓸어내리고는 내 자리로 돌아왔다.

그 상황을 다시 정리해봤다.
〈나는 혼자서 연병장 언덕배기에서 해바라기를 하고 있었다. 그 곳은 평소 내가 잘 안 가던 곳. 따뜻한 햇빛을 즐기다가 그냥 아무 생각 없이 뒤돌아섰는데. 그 순간 군용 트럭이 후진으로 다가와 나를 스치고 지나갔다. 운전병도 나를 못봤는데. 만약 내가 돌아서지 않았다면? 나는 죽었을 것이다. 그런데 왜, 무엇이, 어떻게 나를 돌아서게 했을까? 영감? 텔레파시? 아니면 신인가? 정말 신은 존재하는가?〉
어쨌든 나는 죽지도 않았고 다치지도 않았다. 사실 이와 비슷한 경험은 나만이 아니고 세상 모든 사람들이 가끔 겪는다고, 겪을 수 있다고 생각한다.

"그것 봐! 이 세상에 신이 없다고는 말 못해! 신은 있어!"
아내의 말이다. 아내는 가끔 주변에서 일어나는 일들이나 상황이 갑자기 또는 뜻하지 않게, 전혀 기대했던 것과는 달리 우리에게 유리하게 전개될 경우에 곧잘 신을 언급한다. 꼭 우리에게 유리하게 될 경우뿐만이 아니고 A라는 어떤 사건이 일어났는데 그 사건의 사후 전개되는 상황이 뜻하지 않게 사리에 맞게 돌아갈 때 그렇게 되도록 유도하는 그 어떤 힘이 있고 그 힘이 바로 신이 아닌가 하는 의미로 하는 말이다.

〈잊혀진 질문〉에서 이병철 삼성그룹 선대 회장이 질문을 했던 바와 같이 신의 존재 여부는 종교인이든 비종교인이든 모든 사람들의 관심사가 아닐까? 성직자를 포함한 돈독한 신앙심을 가진 종교인들은 신은 반드시 존재한다고 믿을 것이고 도킨스와 같은 무신론자들은 절대로 신은 없다고 단언할 것이다. 과학이 발전하기 시작한 중세 르네상스 시대 이후 그리스도교권의 유신론자들과 무신론자들은 신의 존재 여부에 대하여 지속적으로 토론해왔다.

18세기 영국의 신학자 윌리엄 페일리가 시계론으로 신의 존재를 증명하려고 한 사례는 유명하다. 누군가가 길을 가다가 시계 하나를 발견했다. 이 시계는 시간을 알려주는 기계다. 이 기계는 어떻게 생겨났을까? 저절로 생겼을까? 아니다. 누구라도 그 시계를 처음 발견한 사람은 그 어느 누군가가 시계를 만들었을 것이라고 생각한다. 그 시계가 저절로 생겨날 수는 절대 있을 수 없기 때문이다. 같은 논리로, 이 지구와 우주 대자연을 보라! 그리고 지구상의 생명체들을 보라! 과연 그것들이 저절로 생겨났을까? 절대 아니다. 누군가가 만들었을 것이다. 그럼 그 누군가가 과연 누구일까? 신이 아니고서는 이 지구와 우주 대자연과 온갖 생명체들을 만들어낼 수 있는 존재는 없다. 따라서 신은 존재한다!

리처드 도킨스는 페일리의 시계론에 빗대어 제목을 붙인 그의 저서

〈눈 먼 시계공〉과 대표적인 무신론적 저서인 〈만들어진 신〉에서 다윈의 진화론을 절대적으로 지지하며 과학과 진화론에 근거하여 상당히 호전적으로 유신론자들을 공격한다. 심지어 그는 그리스도교인들이 숭배하는 '십자가'가 옛날 로마시대에는 사형틀이었음을 상기시키며 만약 당시에 '전기의자'라는 사형틀이 있어서 예수가 '전기의자'에서 사형을 당했다면 아마 지금 그리스도교인들은 '전기의자'를 숭배할 것이라고 얘기한다.

같은 무신론자인 크리스토퍼 히친스는 그의 저서 〈신은 위대하지 않다〉에서 다른 시각으로 신의 존재를 부인한다. 즉, 이 세상에는 전쟁과 질병과 모든 범죄와 온갖 악인들이 난무하는데, 과연 신이 존재한다면 왜 이런 일이 일어나는가? 그러니 신은 존재하지 않는다는 것이다. 이병철 삼성그룹 선대 회장도 비슷한 질문을 그의 〈잊혀진 질문〉 24가지 중에 포함시켰다.

한편 한국 가톨릭의 정진석 추기경은 그의 저서 〈우주를 알면 하느님이 보인다〉에서 폴 데이비스(Paul Davies)의 말을 인용하여 과학적(?)으로 신의 존재를 증명해 보이려고 시도한다. 대폭발 이후 우주의 밖으로 팽창해 나가려는 힘과 안으로 끌어당기는 중력이 정밀하게 균형을 이루지 않았다면, 만일 이 균형이 10의 60제곱 분의 1만큼만 달랐더라도 우주는 오늘날과 같은 모습이 아니고 완전히 방출되었거나 도로 수축했을 것이다. 이렇게 전혀 가능성이 없어 보이는 이런 팽창력과 중력의 균형이 '우연히,' 또는 '저절로' 이루어졌을까? 아닐 것이다. 바로 신이 그렇게 만들었을 것이다, 라는 논리다. 한편, 가톨릭 교황 비오 12세는 1950년 발표한 회칙에서 생물학적 진화론이 그리스도교 신앙에 모순되지 않는다며 진화론을 '일부' 인정하고 있다. 여기에서 '일부'의 의미는 다만, 인간 영혼의 창조에는 하느님이 개입해야 한다는 것이다.

인간 세상의 온갖 부조리를 보고 신의 존재를 부정한 히친스에 반해 아내는 인간의 힘으로는 어찌할 수 없는 상황이 발생해서 세상 만사가 이치에 맞고 정의롭게 진행될 때 그것은 바로 신이 존재하기 때문이라고 단언한다.

"거 봐. 신은 있어. 이 세상에 신이 없다고는 말 못 해."

과연 신은 존재하는가?
그러나 이 질문은 이 세계의 반쪽에 해당하는 질문이다. 신의 존재 여부에 대한 논쟁은 유대교, 유대교에 뿌리를 두고 있는 그리스도교, 이슬람교 등 세계 3대 유일신 종교와 과학이 벌이고 있는 논쟁이다. 진화론의 등장, 천문학과 물리학을 비롯한 현대과학의 발전과 함께 종교와 과학이 토론을 벌이고 있는 것이다. 중동과 유럽 및 남북아메리카를 중심으로 한 유일신 종교는 신의 존재 여부뿐만 아니라 이 세상의 창조에 대해서도 창조론, 지적 설계론 등으로 현대과학에 맞서 대응하고 있으며 특히 미국에서는 개신교계를 중심으로 창조론, 지적 설계론 등을 학생들이 배우는 교과서에도 삽입하려고 끈질기게 노력하고 있다. 마치 일본이 독도가 자국 영토임을 학생들의 교과서에 삽입하려는 노력과 비슷하다는 느낌을 들게 한다.

둥근 지구의 다른 한쪽을 차지하는 동양에서는 과학적 방법으로 신의 존재를 증명하거나 부정하려 하지 않는다. 인도에서 발생한 힌두교는 브라흐만을 비롯하여 시바, 비슈누 및 크리슈나라는 3대 신을 포함한 여러 신들과 다른 종교의 신들도 인정하는 다신교이며 불교는 힌두교에서 비롯되었지만 붓다가 신의 존재를 언급하지 않음으로써 신을 인정하지 않는 무신교다. 중국의 공자도 인간 세계의 공동생활에서 인의예지(仁義禮智)를 이야기하지만 조상신 외에 신의 존재에 대해서는 언급하지 않고 다만 하늘(天)을 말하고 있다. 도교에서는 모든 것을 도(道)로 설명하면서 신선처럼 죽지 않고 영생하기를 바란다. 결국 신이 존재 유무에 대한 유일신교와 과학의 논쟁은 서구 그리스도교권, 그들만의 리그인 셈이다.

수백 년 동안 진행되어 온 신의 존재 여부에 대한 토론을 생각할 때, 유일신교와 과학의 논쟁만이 아니라 힌두교와 같은 다신교, 불교 같은 무신교의 입장을 다 포괄한 인류의 시각에서 봐야 하지 않을까? 유일신교의 인격화된 신이나 힌두교의 여러 신들, 불교의 깨달음이나 열반, 도교의 신령 또는 신선, 유교의 하늘 등은 어떤 초월적 존재를 각각 별도로 발전해 온 문화권의 시각에서 각각 표현한 것이 아닐까? 그렇다면 그 초월적 존재, 즉 신 뿐만 아니라 열반, 신선, 하늘 등의 실재 여부에 대해서도 과학으로 밝혀야 하지 않을까? 과연 과학적으로 죽음 뒤의 세계를 명확히 밝힐 수 있는가?

과학이 신, 또는 열반, 신선, 하늘 등의 존재 여부를 토론하려면, 우리 인간들이 죽은 후 영혼이 있는지 없는지, 있다면 그 영혼은 어떻게 되고 없다면 또 어떤 결과를 가져오는지 등, 사후의 세계도 과학적으로 명확히 밝힌 후 신의 존재 유무를 논해야 하지 않을까?

사주팔자(四柱八字)

나의 장래 인생은 어떻게 진행될까?
미래가 궁금하다
그래서 가끔 찾아보는 점보는 집

우리나라 사람치고 점을 한 번이라도 안 본 사람이 있을까? 시험에 합격할 지 결혼을 언제쯤 할 지 국회의원에 당선될 지 등등, 아직 오지 않은 미래에 대해 모두들 궁금해하니 동양에서는 사주팔자로 점을 치고 서양에서는 점성술로 미래의 운명을 예측해보는 것 아닐까?

1996년에 삼성그룹의 장기인력양성 프로그램의 일환인 Socio-MBA 과정에 선발되어 사전 교육을 받았다. TOEFL, GMAT 등의 시험을 치르고 해외 유수 MBA 스쿨에 합격하면 회사에서 학비와 체재비 전액을 지원해주는 제도였다. 일 년 뒤, 나는 아시아 금융시장 공략의 일환으로 싱가폴로 가기로 결정되어 싱가폴 국립대학에 지원했다. 만약을 위해 예비로 싱가폴의 난양공대와 호주 국립대학에도 같이 지원서를 보냈다. 호주 국립대학에서는 곧 합격 통지서가 왔다. 그러나 정작 가기로 한 싱가폴 국립대학과 난양대학에서는 합격 통지서가 안 오는 거였다. 싱가폴로 가야 하는데 싱가폴의 두 대학 다 합격 통지서가 안 오니 답답할 수밖에. 이거 안 오는 거 아닌가? 그럼 난 어떻게 되는 건가? 불합격이면 챙피해서 회사는 어떻게 다니나? 온갖 생각이 다 들었다.

"여보, 우리 어디 용하다는 데 한 번 알아보러 갈까?"

아내가 말했다. 오죽 답답했으면 그랬을까? 옆 동네 어느 아파트에 용한 점쟁이가 있다 했다. 자신의 미래를 한 치 앞도 내다볼 수 없는 인간이다보니 맞든 안 맞든 어디 한 번 사주팔자라도 보고 싶은 심정이 되는 것이다.

"에이, 그게 재미로 보는 거지. 어디 믿을 수 있나?"

"그러니까 재미로 보는 거지. 좋다면 좋은 거고, 아니면 말고."

답답하니까 그거라도 한 번 볼까? 우리 가족은 가톨릭 신자임에도 불구하고 이거 고해성사를 봐야하나 말아야하나 고민하면서도 마음의 부담이나마 좀 덜어볼까 하고 소개받은 대로 그 집을 찾아갔다. 그 점장이는, 이건 미신이 아니고 통계적으로 증명된 것이라고, 통계학까지 들먹이며 장황하게 자신의 입장을 애기했다. 내가 무슨 목적으로 왔는지, 무얼 알고 싶은 지 하나도 물어보지 않고 나의 사주, 즉 생년월일시만 물어보더니 무언가 책을 뒤적이며 여러 가지를 따져보다가 얘기한다.

"남쪽으로 가면 좋습니다. 이사 가실 모양이네요."

아니, 이게 무슨 소리? 남쪽이라고? 싱가폴은 남쪽 아닌가? 나는 귀를 의심했다. 가톨릭 신자인 내가 미신이라고 전혀 고려의 대상으로 삼지 않았던 사주팔자를 보러 온 것도 뜻밖인데, 의외로 남쪽으로 가면 좋다는 말을 들으니 놀라지 않을 수 없었다.

"그럼, 언제쯤 가게 되나요?"

아내도 약간 놀란 듯 했지만 아무렇지 않은 듯이 침착하게 되물었다.

"곧 갈 것 같은 데요."

"사실은요,"

그 답변을 듣고서야 아내가 우리 사정을 얘기했다. 회사에서는 싱가폴로 가라고 하는데 아직 합격 통지서가 안 와서 고민하고 있다고. 나는 아무 말도 안했지만 그 점장이는 거 보라는 듯이 또 장황하게 설명을 했다. 우리는 사례금을 주고 그 집을 나왔다. 아내가 말했다.

"거 봐. 곧 남쪽으로 간대잖아. 걱정 마."

"그래도 그게 어디 믿을 수 있나? 호주도 남쪽인데. 그냥 재미로 한 번 본 거지."

통계학을 사주팔자에 적용했다고? 갑을병정이나 자축인묘 등 10간 12지를 조합해서 인간의 미래 길흉화복을 점치는 것은 고대 중국의 역법(易法)에서 나온 것인데 그때 통계학을 적용했다고? 역시 믿을 수 없었다. 그러니 나는 믿지 않는다, 그냥 재미로 보았을 뿐이다. 나는 그렇게 스스로를 다스렸지만 기분이 나쁘지는 않았다. 아니, 믿거나 말거나이지만 솔직히 기분이 좋았다. 그 며칠 후 난양대학에서 합격 통지서가 오고 뒤이어 며칠 후에 싱가폴 국립대학에서도 합격 통지서가

왔다. 나는 싱가폴 국립대학 MBA 과정에 진학할 수 있었다. 그런데 내가 싱가폴로 갈 수 있었던 게 과연 사주팔자 때문인가?

사실 따져보면, 내가 합격 여부를 몰라 답답해하고 있을 당시, 싱가폴 국립대학에서는 이미 입학사정을 다 마쳤고 그들은 내가 합격했다는 사실을 알고 있었다. 물리학적으로, 시간의 흐름에 따라 진행되는 '미래의 광추면' 안에 있었으므로 빛의 속도로 정보가 전달되었다면 나도 동시에 그 사실을 알았을 것이다. 단지, 정보 전달 속도가 빛의 속도가 아니고 우편이므로 나한테 통보가 오기까지 잠시 시간이 걸린 것 뿐이다. 이처럼 같은 시간대에 일어난 사건도 정보 전달이 늦어져 모르는 경우도 있지만 우리 인간은 시간이 경과하지 않은 미래에 대해서는 우리의 운명을 알지 못한다.

그러면 앞으로는 어떻게 될 것인가? 싱가폴 국립대학에서 1년 반의 MBA 과정을 이수하고 회사에 복귀해서 어떤 중책을 맡아 업무를 잘 수행하고 그러다 보면 승진도 할 것이고, 그리고 또 ……. 합격임을 알고 난 다음에는 이런 시나리오를 상정하는 것이 가능했다. 그러나 나는 결과적으로 1년도 아니고 6개월 한 학기만 이수한 채, 1997년 당시 외환위기 때문에 회사로부터 복귀명령을 받아 학업을 중단하고 회사로 돌아올 수밖에 없었다. 결국 남쪽으로 가면 좋다는 그 사주팔자는 가는 데까지만 좋았을 뿐이고 나에게는 반년만에 되돌아 와 명예퇴직 등으로 직장을 떠나야 하는 사람들 다음으로 안 좋은 경우가 되고 말았다.

우리 인간이 죽은 뒤에 어떻게 되는지, 즉 사후세계를 모르는 것은 차치하더라도 우리는 당장 우리의 미래를 정확히 알 수 없다. 물론 한 시간 뒤 또는 하루나 이틀 후에 내가 어떻게 되어 있을 지는 거의 99% 정확하게 알 수가 있다. 나는 특별한 일이 없는 한 내일 이 시간 쯤에는 내 사무실에 앉아 이 글을 쓰고 있을 것이다.

내 의지대로 출근하지 않는 경우를 제외하면 내일까지 있을 그 특별한 일이란 하룻만에 일어날 확률이 거의 0%에 가까운 교통사고나 천재지변이나 다른 어떤 불가피한 상황이 발생했을 경우 등일 것이다. 그러나 내일이 아니라 일 년 뒤, 또는 10년 뒤에는 어떨까? 그 특별한 일이 일어날 가능성이 좀 더 커져서 일 년 후의 일은 장담을 못하고 10년 뒤의 일은 희망사항이고 30년 뒤의 일은 거의 깜깜하다. 그러니 사주팔자나 점성술로 미래의 내 운명을 알아보고자 하는 욕망이 불같이 일어나는 것이다. 요즘도 타로점 등이 젊은이들 사이에서 인기라지만 과학이 발달하기 전의 예전과는 달리 절대적으로 믿는다기보다는 재미로 보는 수준인 것 같다.

사후의 세계는 물론이고 우리의 미래조차도 확실히 알 수 없는 연약한 인간이다보니 무언가 절대적 존재에게 의지하고 싶은 생각이 드는 것이 아닐까? 비교종교학자 최준식은 그의 책 〈종교를 넘어선 종교〉에서 종교의 탄생을 이렇게 설명한다. 우리 인간들이 죽은 뒤의 세계를 전혀 알 길이 없으니 죽음을 두려워하고 그 죽음의 공포를 없애기 위해 육신은 죽어도 영혼은 죽지 않고 영원히 산다는 개념을 도입하여 내세를 만들었는데 그것이 종교라는 것이다.

기도발

종교인은 물론 자주, 비종교인은 가끔,
어려울 때 기도를 한다
기도발은 얼마나 먹힐까?

"김선배님, A상무가 지금 뭐하는지 아세요?"
"A상무? 뭐하는지 모르는데, 왜?"
전 직장에서 같이 근무한 적이 있는 후배가 A를 언급했다. 그가 세 번째 직장을 그만 두고 다시 네 번째 직장을 알아보고 있다고 했다.
"그런데, 어떻게 직장을 구하고 있는지 아세요?"
"거야, 인터넷을 찾아보거나, 사람을 통해 알아보거나 해야겠지?"
"그게 아니고, 하루 종일 집에서 기도한대요, 기도."
"엥? 기도만 한다고?"

그는 종교인이다. 그러니 종교인이 어려움이 닥쳤을 때 기도하는 것은 너무나 당연한 일. 그러나 기도만 한다고 원하는 일이 이루어질 수 있을까? 전혀 불가능하지는 않을 것이다. A가 열심히 방안에서 새로운 직장을 다니게 해주십사 하고 기도하고 있는 동안, 평소 그를 알던 친구가 A의 장점과 능력 있는 분야를 알고 있기에 마침 그런 자리에 사람이 필요할 경우, A를 추천하는 경우도 있을 것이다. 이걸 기도발이 먹힌다고 해야할까?

나도 기도로 신의 도움을 청한 적이 있다. 초등학교 2학년 때, 그때는 월간고사라고 해서 매달 국어, 산수, 사회, 자연 등 네 과목 시험을 쳤다. 어느 달 시험 시간, 처음 세 과목은 다 정답을 맞췄다. 마지막 4교시 자연 과목만 100점을 받으면 올100인데, 25문제 중, 한 문제의 답을 아무리 생각해도 알 수가 없었다. 연필 굴리기를 해봐도 틀린 답을 알려주는 연필 점괘가 나왔다.

'옳지, 기도 한 번 해보자.'

그때 마침, 무언가 간절히 필요할 때 기도하면 들어주신다는 교리 선생님의 말이 생각나서 나는 그야말로 정성을 다해 기도를 했다. 문제 4번의 답이 몇 번인지 알려달라고.

"예수님, 문제 4번 정답이 뭐예요? 이것만 맞으면 네 과목 모두 100점인데 정말 모르겠어요. 이번 답 알려주시면 앞으로 부모님 말씀 잘 듣고 착한 일 많이 할게요."

어쨌거나 마음 속에 떠오르는 답을 쓰고 문제지를 제출했는데 시험이 끝나고는 해방감에 그냥 친구들과 뛰어노느라 그 답이 맞았는지 틀렸는지, 신이 기도를 들어주셨는지 안 들어주셨는지 전혀 기억에 없다.

〈시크릿〉의 저자 론다 번은 그녀의 저서에서 비밀을 이야기한다. 이 세상에는 비밀, 즉 끌어당김의 법칙이라는 자연법칙이 있어서, 부자가 되고싶다거나 취직을 하고싶다거나, 무언가 간절히 원하는 것이 있다면 그것을 얻을 수 있다는 거다. 그러나 가만히 앉아서 머릿속으로만 간절히 원한다고 과연 그것을 얻을 수 있을까? 그 책의 메시지는 무언가 간절히 원하는 것이 있다면 그것이 이미 이루어졌다고 긍정적으로 상상하고 그것을 얻기 위해 적극적으로 노력하라는, 적극적 사고 방식과 긍정의 힘을 전달하려는데 있는 것같다.

차범근 전 감독이 국가대표 축구팀을 이끌고 있을 때 우리나라와 일본 간의 경기가 있었다. 언젠가는 기억이 없지만 일본에서 개최된 그 경기가 시작되기 전, 차 감독이 기도하는 장면이 TV 카메라에 포착되었다. 그는 그때 무어라고 기도했을까? 기도하는 것으로 봐서는 차 감독이 무신론자가 아니고 종교인인 것 같은데 만약 차 감독이 그 경기를 한국팀이 이기게 해 달라고 기도했다면, 같은 종교인으로 일본인도 있을 터인데 만약 일본팀 감독이 일본팀이 이기게 해달라고 기도를 했다면 신은 과연 누구의 기도를 들어주어야 할까?

도킨스의 책 〈만들어진 신〉에는 기도의 효능을 실험으로 입증하려 한 사례가 있다. 도킨스가 그런 실험을 한 것이 아니라 아마 어느 종교인이 기도의 효능을 알아보고 싶어 전문가에게 의뢰해서 행한 실험인 것 같은데 도킨스가 그 결과를 인용한 것이다. 미국인들은 돈이 많아 그런지 참 별난 실험도 한다는 생각이 들기도 한다. 어쨌든 그 실험에서는, 병원의 환자들을 대상으로 그들을 기도를 받는 쪽과 기도를 받지 않는 쪽의 두 그룹으로 나누고 두 그룹에 속한 환자들은 자신이 기도를 받는지 안 받는지 모르도록 했다. 기도의 내용은 '누구누구의 수술이 성공하고 합병증 없이 빨리 건강을 회복하기를' 바라는 것이었다. 일정 기간이 지난 후 두 그룹 환자들의 상태에 차이가 있는지 살펴보았으나 차이는 없었단다.

서울아산병원에는 가톨릭과 개신교, 불교 신자들을 위한 기도실이 있다. 내가 활동하고 있는 〈소나무 합창단〉에서는 한 달에 한 번씩 서울아산병원의 가톨릭 신자인 환자들을 위한 미사에 성가 봉사를 한다. 그 미사에서는 중환자들을 위해서, 소아 환자들을 위해서, 그들이 빨리 회복되기를 기도하고 또 의사, 간호사 등 의료진들을 위해서 그들의 노고에 감사하며 최선을 다해주기를 기도한다. 이런 기도는 개신교 신자인 환자들이나 불교 신자인 환자들도 똑같이 기도할 것이다. 그러나 가톨릭에서도 그렇듯이 개신교나 불교에서도 단지 기도만 한다고 병이 회복되리라고는 생각하지 않는 것 같다. 우선 병원에 입원해서 치료를 받고 있다는 것이 이를 입증하고 있지 않은가? 입원 치료 외에도 병을 극복하기 위한 기타 다른 모든 노력도 할 것이다. 거기에 덧붙여 환자들의 종교 성향에 따라 기도도 하는 것이다.

박사과정 이수 중에 있는 아들에게, 그가 힘들어 할 때마다 아내가 해주는 말이 있다. '열심히 노력하고도 안 되는 것은 하늘의 뜻, 열심히 노력하지도 않고 안 되는 것은 하늘의 벌' 이라고. 거기에 내가 덧붙이는 한 마디가 있다. '열심히 노력하고 잘 되는 것은 하늘의 보답' 이라고.

신령님께 드리는 치성을 포함해서 모든 기도는 이미 미국에서 실행한 실험에서도 나타났듯이 기도 그 자체가 효능이 있는 것은 아닐 것이다. 병이 낫기를 바라는 효과 또는 기도로 나타나기를 바라는 모든 결과는, 그렇게 되도록 긍정적이고 적극적인 생각으로 사람이 할 수 있는 최선을 다하고 난 다음, 조용히 기도하면서 기다릴 때 나타나지 않을까? 우리 조상들은 예부터 그렇게 해왔다.

진인사대천명(盡人事待天命)!

믿으려면 옳게 믿어라?

이 세상의 수많은 종교 중에
어느 것이 옳을까?
사이비 종교는 물론 제외하고
종교에 옳고 그름이 있을까?

고등학교 시절, 대구로 유학을 가서 학기 초, 잠시 외숙모 댁에 머물렀다. 외삼촌은 내가 태어나기도 전에 일찍 작고하셔서 외숙모 혼자 외사촌 누나, 형 등 4남매를 키우셨다. 정말 존경스러운 분이시다. 외숙모는 오래 전부터 교회의 집사로 활동하시면서 신앙심도 아주 돈독하신 분이었다. 오직 집안 일과 교회만이 외숙모님의 생활의 전부였다. 외사촌들도 모두 신앙심이 깊은, 독실한 개신교 집안이었다. 일요일이 되면 외숙모는 교회로 가시고 나는 성당에 갔다. 외숙모 댁에서 8개월을 기숙했었는데 서로 개종을 권하거나 종교 문제로 토론을 벌이지는 않았다. 언젠가 당신이 교회에 가실 때 성당엘 가는 나를 보고 딱 한 마디 하셨다.

"하나님을 믿을라믄 옳게 믿어야지, 그렇게 믿으면 되여?"

당신이 믿으시는 종교가 옳은 종교이니 그걸 믿으라는 의미였지만 나는 물론 거기에 대해 어떤 대꾸도 하지 않았다. 다만, 속으로 '외숙모님 종교가 중요하듯이 제 종교도 제게 중요합니다'라고 생각했을 뿐이었다.

믿으려면 옳게 믿어라? 믿는다는 것은 종교적 신념이 있다는 것인데 이 세상에는 개신교만 있는 게 아니다. 그 전신인 로마가톨릭과 동방정교회, 또 그 전신인 유대교도 있고, 같은 유일신 종교인 이슬람교도 있다. 동양에는 불교가 있고 그 전신인 힌두교도 있다. 중국에는 도교와 유교가 있다. 우리나라 고유 종교로는 단군을 모시는 대종교가 있고 일본에도 고유 종교인 신도가 있다. 앞서 생각했던 것처럼 미래의 걱정과 사후의 두려움을 극복하기 위한 것이 종교라면, 이 세상의 모든 종교가 다 동일한 해결책을 제시하고 있다. 우리가 알지 못하는 어떤 초월적 존재가 있어 우리의 미래와 사후세계를 관장하고 있으니, 생전에 선한 일을 하고 덕을 쌓으면 죽은 후 영혼이 천국에서 영생을 하거나 열반에 든다는 것이다. 그 초월적 존재가 유일신교에서는 인격화된 신으로 나타나고 불교에서는 깨달음, 도교에서는 신선으로 나타나고 유교에서는 하늘로 나타난다. 각 문화권이 발전해 온 과정을 반영해서 그 초월적 존재가 어디서는 유일신이 되고 다른 곳에서는 여러 신들, 깨달음, 신선, 또는 하늘이 된 것이다.

어느 것이 옳을까? 아니, 옳고 그름이 있을까? 각 종교는 저마다 자신의 종교가 이 세상에서 가장 보편타당하다고 생각한다. 가톨릭은 그 이름부터 보편타당하다는 뜻이고 개신교는 물론이고 이슬람교도 자신이 보편타당하다고 주장하고, 불교나 도교도 이 세상에서 자신의 종교가 보편타당하다고 주장하기는 마찬가지다. 그러니 개신교 신자이신 외숙모님은 이 세상에서 가장 보편타당한 종교인 개신교를 믿는 것이 옳은 것이니 나보고 옳게 믿으라 하신 것이고 나의 입장에서 보면, 이름부터도 보편타당한 종교는 가톨릭인 것이다.

그러면, 이 세상에서 정말 보편타당한 것은 무엇일까? 그건 바로, 자연법칙이 아닐까? 빛은 우주에서 가장 빠른 속도로 직진한다. 지구 어느 곳에서나 물은 중력에 의하여 위에서 아래로 흐른다. 다른 천체에서도 중력이 작용하니 물이 있다면 마찬가지일 것이다. 지구 어느 곳에서도 도플러 효과가 나타나고 있고 먼 우주에서 오는 빛을 분석하면 도플러 효과가 나타난다. 그래서 허블은 우주가 팽창하고 있음을 발견했다. 지금까지 우리가 알고 있는 모든 자연법칙은 전 우주에 대해서도 보편타당하다. 그럼 우리는 자연법칙을 초월적 존재라 해야 할까? 자연법칙을 적용하면 우리는 수 만년 후의 천체의 위치도 정확히 예측할 수 있다고 한다. 그러나 아무리 자연법칙이 보편타당하다고 해도 사후의 세계는 알려주지 않는다. 우리는 자연법칙을 넘어서는 초월적 존재를 가정하고 각 문화권에 따라 그 초월적 존재를 유일신, 깨달음, 신선, 하늘 등으로 일컫고 있는 것이 아닐까?

아프리카에서 탄생한 현생 인류가 유라시아 대륙, 남북아메리카 등 여러 곳으로 뻗어나간 후, 지구상의 인류가 각 지역에서 서로 다른 지역의 인류를 알지 못한 채 각각의 문화를 발전시켜왔다. 그러니 각자가 자신들을 이 세상의 유일한 존재이고 또 보편타당하다고 생각하는 것은 당연하지 않을까? 시간이 지남에 따라 각각의 문명이 서로를 알고 다른 세계도 있다는 것을 알고 난 다음부터는 힘이 센 쪽이 자신의 보편타당함을 주장해왔다. 15세기 말 경 서구 문명이 아메리카 대륙에 도착한 이후 아메리카 대륙의 잉카문명이나 마야문명 등은 자신들의 보편타당함을 주장하기도 전에 힘 센 세력에 의해 사라지고 말았다. 만약 우리나라가 힘이 세서 이 세계를 제패했다면 대종교가 보편타당한 종교가 되지 않았을까?

당시 내가 다니던 학교는 미션계여서 매일 아침 조회 때는 먼저 예배를 하고 하루 일과를 시작했다. 반 친구들이 순번대로 나와서 찬송가를 한 곡 부르고 기도를 인도하고 난 후 담임 선생님이 조회를 하는 순서다. 내 차례가 돌아왔을 때 나도 개신교 식으로 기도를 인도했다. 형식은 개신교 형식이지만 형식이 다를 뿐이지 기도는 같은 개념이 아닌가? 나는 거부감도 없었고 불편하지도 않았다. 개신교 의식으로 진행되는 결혼식에 참석해서도 같이 찬송가를 부르고 예배에 참례한다. 고등학교 때 예배 시간에 많이 부른 노래여서 익숙해 있기도 하다.

마찬가지로, 친구들과 어울려 등산을 하다 보면 그 산에 있는 불교 사찰에 들릴 때도 있다. 대부분의 경우 대웅전을 들여다보거나 주변의 탑이나 사천왕상 등을 구경하는 데에 그치지만 독실한 불교 신자인 친구가 등산화를 벗고 대웅전에서 절을 할 때 나도 같이 절을 한 적이 있다. 오체투지(五體投地). 부처님께 절을 할 때 온몸(五體)을 땅에 던져(投地) 큰 절을 하는 것이다. 오체란 본래 머리와 팔다리, 가슴, 배를 말하나 우리나라에서는 양 팔꿈치와 양 무릎 및 이마를 말한다. 친구 집에 들러도 친구 아버지나 어머니께 인사를 드리는 것이 예의인데 이웃 종교인 불당에 왔으니 부처님께 인사드리는 것도 좋지 않은가? 내 종교가 중요하듯이 다른 사람들이 믿는 종교도 중요하니 존중해주는 것이 마땅하지 않은가?

몇 년 전 어느 일간 신문에서 가톨릭 신부가 동국대학교 대학원에서 박사학위를 받았다는 기사를 본 적이 있다. 곽상훈(세례명 토마스 데 아퀴노) 신부는 개인적으로도 불교학에 관심이 있었고 가톨릭 교단에서 다른 여러 방면에 전문적 식견을 갖춘 사제를 양성한다는 계획에 따라 불교를 공부하게 됐다고 한다. 곽 신부의 학위 논문은 불교와 그리스도교의 핵심 윤리인 자비와 아가페를 비교 연구하면서 자비와 아가페가 서로에게 배워야 할 점들이 있음을 밝힌 내용이라고 한다. 곽 신부의 논문을 직접 읽어보지는 못 했지만 상당히 공감이 갈 듯하다.

사실 가톨릭과 불교는 교리도 비슷한 부분이 있다. 가톨릭 기도문에 10계명이 있듯이 불교에도 5계와 10선업도가 있는데 그 내용이 비슷한 것을 보고 '아, 역시······.' 하고 느낀 적이 있다.

　　가톨릭 십계명 중에서,

　　오, 사람을 죽이지 마라.

육, 간음하지 마라.

칠, 도둑질을 하지 마라.

팔, 거짓 증언을 하지 마라.

구, 남의 아내를 탐내지 마라.

십, 남의 재물을 탐내지 마라.

불교 10선업도 중에서,

일, 중생을 죽이지 마라(不殺)

이, 훔치지 마라(不盜)

삼, 음행하지 마라(不淫)

사, 거짓말하지 마라(不虛言)

팔, 탐내지 마라(貪慾)

    불교나 가톨릭이나 이슬람교, 도교, 유교 등 기타 종교들도 서로에게 배울 점들이 상당히 많이 있지 않을까? 내가 믿는 종교가 옳은 종교이니 옳게 믿으라는 것은 아닌 것 같다. 그런 점에서 젊었을 때는 무신론자였다가 80세가 넘어 유신론으로 회귀한 영국의 철학자 앤터니 플루가 그의 책 〈존재하는 신〉에서 개신교만이 존경을 받을 자격이 가장 분명한 종교라고 주장한 것은 그의 유신론으로의 회귀 논리가 빛을 잃게 만든다.

제사 이야기

조율시이, 홍동백서
어동육서, 두동미서
어려운 것 같아도 상식으로 보면 어렵지 않다

제사의 의미는 무엇일까? 돌아가신 조상들을 위해 제사를 지내는 것은 그 분들의 생전의 행적을 기억하면서 그 은혜에 감사하고, 그 분들이 생전에 즐기시던 음식을 드리며, 동시에 이를 계기로 한 자리에 모인 후손들끼리 화목을 다지는 자리를 마련하는 것이 아닐까?

생전에 아버지는 조상 제사를 정성을 다해 깍듯이 모셨다. 중학교 다니던 시절, 할아버지 제삿날을 맞았다. 아버지에게는 아버지의 제삿날이다. 간단한 저녁상을 물린 후 초저녁에 벌써 아버지는 안방 웃목에 병풍을 치시고 그 앞에 작은 상을 놓고 상 위에 할아버지 사진을 모신다. 상 앞에는 향을 피워놓는다. 술잔에 한 잔을 따라 사진 앞에 올리시고는 혼자서 두 번 절하신다. 지켜보고 있는 나에게 아버지는 아무 말씀도 안하셨지만, 아버지의 기일을 맞아 미리 아버지를 방으로 초대하시는, 아버지만의 의식이리라. 그리고는 평소처럼 사진 옆에서 밤을 치는 등 다른 일들을 하시다가 밤 11시 경에 그 작은 상을 큰 제삿상으로 교체하고 상차림을 하신다.

"조율시이라……"

나보고 들으라는 것인지 혼자서 기억을 상기하는 것인지 모르지만 아버지는 혼잣말씀을 하시며 과일들을 진열하신다. 상 제일 앞 열에 좌측부터 대추, 밤, 감, 곶감, 배, 사과 등을 놓으신다. 감이나 곶감이나 하나만 놓아도 되지만 집에 있으니 둘 다 놓으시는 것 같다.

"어동육서라……."

아버지는 다시 말씀하시며 다진 고기를 왼편에, 생선을 오른편에 놓으신다. 할아버지 제사지만 할머니 사진까지 같이 모시고는 조기는 두 분 사진 앞에 각각 한 마리씩 놓으시며 말씀하신다.

"두동미서라. 생선은 머리가 동쪽으로 가게 놓는 기라."

아버지 말투로 봐서는 나에게 가르치기 위한 것이다. 그렇게 제사 때마다 아버지가 진열하시는 걸 봐왔지만 당시 학교에서 배운 것처럼, 귀신은 있는지 없는지, 있다고 하더라도 제삿상 차림이 너무 형식적이 아니냐고 회의를 품고 있을 때라 건성으로 들었던 것 같다. 아버지는 계속 "좌포우혜, 홍동백서" 등을 말씀하시며 상을 진열하시고 맨 마지막으로 따뜻한 밥과 국을 각자의 사진 앞에 놓으신다. 살아계신 부모님께 진지를 드릴 때처럼 밥그릇이 오른쪽에, 국그릇이 왼쪽에 가게 놓으신다. 사진 자리에 사람이 앉았다고 보면, 그 사람의 왼쪽에 밥그릇, 오른쪽에 국그릇이 되는 셈이다. 그렇게 천천히 제삿상을 진열하다보면 어느 새 시간은 자정을 가리킨다. 형들은 다 외지에서 공부중이니 제사 모실 사람은 아버지와 나, 동생 셋 뿐이다. 아버지, 나, 동생 순으로 제삿상 앞에 섰다. 아버지가 할아버지를 상 앞으로 초대하신다.

"서기 1970년 음력 9월 스무 아흐렛날. 부친께서 돌아가신 날을 다시 맞이하니 슬프기 한량 없습니다. 이에 간소한 제수를 드리오니 강림하시와 흠향하시옵소서."

아버지는 진정으로 슬프신 듯, 억양을 넣어 말씀하시고는 나에게 제주를 따르게 하시고 그 잔을 상에 올리신다. 재배! 다시 나에게 술잔을 넘기시고 따르시며 상에 올리라신다. 재배! 이때 국그릇 대신에 물그릇으로 교체하고 다시 동생에게 잔을 올리게 하신다. 재배!

그래서 유교식 제사는 끝났지만 이어서 가톨릭 형식의 제사를 다시 간단하게 바친다. 먼저 성가를 한 곡 부르고 약식 연옥 도문 기도를 드리고 죽은 부모님께 드리는 기도를 드린다. 마침기도로 주모경을 외고 마침성가를 부른다. 그리고 재배를 드린다.

"자, 너도 음복 한잔 해라."

그렇게 내가 아버지와 같이 한잔 하면 제사 끝이다.

이제 아버지가 돌아가신 지도 10년이 넘었고 우리 형제와 자식들은 과거의 아버지 가르침 대로 아버지 제사를 모셔왔다. 아버지 제삿날, 아내는 상주의 특산물인 배추부침과 동그랑 땡, 어적 등을 부치고 고사리, 콩나물, 시금치 등 나물을 준비해서 큰 집으로 간다. 제삿상 차리는 걸 어렵게 생각할 것도 아닌 것 같다. 내가 어릴 적 아버지한테서 배운 것과 요즘 시대의 상식을 합치면 되는 것 아닌가?

　제삿상에 조상을 모셔온다. 조상님은 사진으로 대신하고 사진 속의 조상님께 맛있는 저녁상을 드린다고 생각하는 것이다. 제1열에는 우리가 먹을 때처럼 사진에서 볼 때 왼쪽에 밥, 오른쪽에 국그릇을 놓고 국그릇 옆에 숟가락을 놓는다. 젓가락은 가장 맛있는 반찬 위에 놓는다. 제2열에는 가장 맛있다고 생각하는 반찬인 육류와 어류를 진열한다. 우리가 밥 먹을 때도 생선이나 고기 등 맛있는 반찬이 가까이 오도록 놓지 않던가? 이때 '어동육서'와 '두동미서'를 적용하면 되는데 어류는 생선 가시를 발라내야 되니 왼손을 쓸 수 있도록 드시는 분의 왼편에 놓으면 먹기가 편하다. 마찬가지로 생선의 머리가 드시는 분의 왼편으로 가도록 놓으면 역시 먹기가 편하다. 다음 제3열에는 어적, 육적, 부침 등을 놓고 제4열에는 나물류를 놓는다. 제5열에는 식사를 다 하신 후 디저트로 과일을 놓는다고 생각하면, 옛날 유교식 엄격한 진열법이 별로 어렵지 않게 여겨진다.

　우리 가족들은 매년 아버지, 어머니, 할아버지, 할머니의 기일과 설날, 추석에 차례를 지낸다. 생전의 아버지가 가르쳐주신 대로 먼저 유교식으로 제사를 지내고 다음 가톨릭식으로 약식 연도를 드리는 것이다.

　옛날 유교식 제삿상 진열은 까다롭고 엄격했지만 세상이 너무나 변한 요즘에는 유교계에서도 상당히 유연해진 것 같다. 제수도 주부 부담을 줄일 수 있도록 간소하게 마련하고 꼭 유교식 제사보다 각 종교식으로 해도 무방하다 하고, 조상이 바라는 것은 자손의 화합이므로 필요하다면 콘도에서 제사를 지내도 안 지내는 것보다는 낫다며 용인하고 있다. 그러나 제사는, 간소하게라도 돌아가신 날 추모하는 게 맞다며 제사를 합쳐서 지내는 것은 찬성하지 않고 있다. 또 제여재(祭餘在)라 하여 조상이 여기 계신 듯 제사를 지낼 것을 강조한다. 제여재(祭餘在)라……, '제삿상에 내가 있다' 라는 뜻인가? 그러면 생전에 아버지가 초저녁에 작은 상 위에 할아버지 사진을 모시고 술 한잔 올리고 재배하신 것이 바로, 제여재(祭餘在)인 것이다.

무신교인 불교에는 제사와 비슷한 재(齋)가 있다. 돌아가신 분을 기념하는 의례는 천도재라 하며 49재, 기제사 등이 다 여기에 포함된다. 유일신교인 가톨릭에서는 초기에는 우상숭배라고 제사를 반대했었지만 지금은 제사를 조상에 대한 예의로 해석한다. 조상뿐만 아니라 매년 11월을 죽은 모든 이를 추모하는 '위령의 달' 로 지정하여 죽은 이를 위해 기도하며 또한 설날과 추석에 조상들을 위한 합동 위령미사를 봉헌하고 있다. 개신교에서도 기일에 가족끼리 모여 조상을 생각하는 것을 인정하는 분위기이며 가족, 친지와 함께 교회에 와서 제사와는 다른 형식으로 예배하는 것을 권장하고 있다. 다만, 돌아가신 분 사진 등에 절을 하는 것은 우상숭배라 하여 찬성하지 않는다.

결국 어느 특정 종교도 돌아가신 조상을 기억하고 추모하는 것을 반대하지 않으며 조상 추모의 뜻을 인정하고 있다.

종교와 과학의 통합

종교는 과거 시각의 경전에 얽매이지 말고
현대의 과학을 받아들여야 하고
과학은 내세가 없음을 증명하지 못하는 한
종교를 존중해야 하지 않을까?

어린 시절에 부모를 따라 유아세례를 받았다. 교적에 1959년에 영세받은 걸로 되어 있으니 우리 나이로 내가 네 살 때다. 철들기도 전부터 형들과 새벽미사에 참례하며 무언가 의미도 모르면서 일어서고 앉고 무릎 꿇고 등 미사 전례를 따라 했다. 초등학교 때 첫영성체를 하고 매주 교리 공부를 하고 미사 시간에 복사를 했다. 고등학교 때 개신교 미션스쿨을 다녔지만 '개종' 하라는 말만 빼면 개신교에 대한 거부감은 없었고 같은 학교의 성당 다니는 친구들과 셀 활동도 하며 신앙생활을 계속했다. 신구약 성경을 체계적으로 공부하거나 처음부터 끝까지 통독한 적은 한 번도 없지만 수십 년 동안 미사에 참례하다 보니 성경 말씀의 어느 구절을 들어도 처음 듣는 말씀은 아니었다.

그러면 나는 성경 내용을 믿는가? 어릴 때는 믿었는지 모르지만 자라면서는 고민이 되었다. 사람은 분명히 죽은 후 부활할 수 없는데 예수 부활을 믿어야 하나 말아야 하나? 르네상스 이후 과학의 발전으로 지구와 우주 등 자연 환경에 대하여 인류가 많은 것을 알게 된 지금, 과학의 시각으로 보면 설명되지 않는 성경 구절들이 많다. 그러니 성경의 내용을 글자 그대로 믿지는 않는다.

성경을 글자 그대로 믿지 않으면서 미사 참례하고 성경 말씀을 듣고 성가를 부르는 것은 왜 그렇게 하나? 성경이 씌어진 시기가 자연의 상황을 현재처럼 제대로 알지 못하는, 과학의 발전 이전 시기이므로, 그 당시의 시각으로 쓴 성경을 현대적 시각으로 이해하고 그 내용이 가르치려는 정신을 받아들인다는 자세로 나는 성당엘 다녔다. '과학은 과학이고 성경은 성경이다' 라고 각각에 대해 분리 대응을 한 것이다. 직장 일이 바쁘다는 핑계로 자주 미사에 빠지기도 하고 성가대 외에는 다른 활동도 하지 않았다. 겉으로는 열심인 것 같지만 성경 내용도 제대로 받아들이지 않는 나는 소위 말하는 사이비 신자가 아닌가 하는 생각에 성당에 가기는 가지만 마음이 상당히 불편했다.

그 불편함 때문인가? 나는 대중과학 교양서를 두루 섭렵하기 시작했다. 우주의 탄생을 다루는 천체물리학에서부터 상대성 이론, 양자론, 시간 이론, 지구과학, 진화론 등을 거쳐 점성학 및 역학(易學)까지 여러 종류의 교양서적을 읽었다. 물론 잘 이해하지 못하는 부분도 있지만 과학적 시각으로 보면 어디에도 신이 끼어들 여지는 없는 것 같았다. 진화론과 창조론의 다툼이나 신에 대한 과학적 비판 등을 읽으며 과학과 신 사이에서 방향을 못잡고 방황하고 있을 때에도 미사에 참례하고 성가대 활동도 했으니 역시 나는 사이비 신자인가?

신의 존재 여부를 다른 종교에서는 어떻게 보는가? 다시 나의 관심은 다른 종교 분야로 옮겨갔다. 금강경, 반야심경 등 여러 종류의 불교 서적을 탐독하고 코란을 읽고 이슬람을 공부했다. 유대교와 힌두교 관련 서적도 읽고 도교 및 불교와 힌두교의 관계에 대해서도 읽었다 이슬람교는 유대교, 그리스도교와 같은 유일신교이지만 동양의 종교들에는 유일신이 없었다. 유교에서는 내세를 이야기하지 않지만 어느 종교나 죽어서 영혼이 가는 내세를 믿고 있다. 힌두교는 여러 신들을 다 인정하는 다신교이고 불교에서는 인간도 부처처럼 깨달아 열반에 들 수 있고 도교에서는 신선처럼 불사를 원하고 유교에서는 하늘의 뜻을 받들며 조상신을 모시고 있다. 사실 종교의 특징이 사후세계를 인정하며 사후에 육체와 분리된 영혼이 영생한다는 믿음 아닌가?

그즈음, 비슷한 시기에 리처드 도킨스의 〈만들어진 신〉과 크리스토퍼 히친스의 〈신은 위대하지 않다〉 등 두 권의 책을 만났다. 무신론자인 두 사람은 한 사람은 과학적, 실증적으로, 또 한 사람은 이 세상의 온갖 부정, 부패, 불합리, 전쟁, 종교인의 위선과 부도덕 등을 지적하며 신의 존재를 부정한다. 두 저자는 무신론자이니까 물론 내세의 존재도 믿지 않는다. 두 사람 다 이 세상의 여러 종교 중 오직 그리스도교 유일신을 상정하고 그 유일신이 존재하지 않는다고 주장하니 이건 분명히 '그들만의 리그' 인 셈이다.

두 권의 책을 읽은 후 나는 무신론자가 되었는가? 두 저자가 바라던 바와는 오히려 반대가 되었다. 두 사람이 틀렸다고 나는 내 나름대로 과감히 결론지었다.

우선, 두 사람은 어떤 증명도 없이 사후의 세계를 인정하지 않는다. 수학에서는 증명 없이 받아들이고 만인이 인정하는 어떤 사실을 공리라고 하는데 사후의 세계가 없다는 것은 공리가 아니잖은가? 많은 종교인들이 내세를 믿고 있으니까. 종교의 존재 이유는 내세가 있다는 것인데 과학이 내세를 주장하는 종교와 다투려면 내세가 없다는 것을 과학적으로 먼저 증명해야 하지 않을까? 사후의 세계를 다룬 책들이 많이 있지만 정통과학으로 인정받지 못하고 있고 과학이 아무리 시도해도 사후의 세계가 있고 없음을 증명할 수 없으니 두 책은 벌써 절반의 설득력을 잃고 들어간다.

두 번째, 히친스는 잠깐 동방의 종교도 언급하지만 도킨스는 불교나 힌두교, 도교의 입장 등에 대해서 전혀 언급이 없이 완전히 무시하고 논리를 전개한다. 기본적으로 두 사람은 그리스도교의 유일신만을 대상으로 신의 존재를 부정하고 다른 종교에는 전혀 관심이 없으므로 이 역시 남은 설득력의 절반을 또 잃어버린다.

환속한 수녀이며 비교종교학자인 카렌 암스트롱은 그녀의 책 〈신을 위한 변론〉에서 동서양의 여러 종교들을 비교분석하면서 그리스도교의 신, 불교의 열반, 힌두교의 브라흐만, 도교의 도, 유교의 하늘 등을 초월적 존재를 의미하는 동일 개념으로 본다. 이런 종교에도 표층종교와 심층종교가 있음을 상기시키며 그리스도교의 경우 인격신을 믿으며 성서를 문자 그대로 믿고 따르는 것을 표층종교라 하고, 문자주의에서 해방되고 이기적인 나를 중심으로 하는 종교생활에서 벗어나는 것을 심층종교라고 한다. 세 번째로, 도킨스와 히친스는 이런 표층종교만을 집중 공격함으로써 '헛다리 짚었다'는 비판을 받는다. 따라서 이들은 아직 남아있는 그들의 설득력의 또 절반을 잃어버리고 말았다.

〈신을 위한 변론〉에서 카렌 암스트롱은 그리스도교와 유대교, 이슬람교의 유일신, 불교의 열반, 힌두교의 브라흐만, 도교의 도, 유교의 하늘 등을 동일한 초월적 존재를 가리키는 다양한 표현으로 이해한다. 다양한 문화권에서 태어난 이들 종교는 그 초월적 존재에 대한 경외를 표하는 종교의식도 서로 다르다. 가톨릭은 미사를 보고, 개신교는 예배를 보고, 이슬람교에서는 하루 다섯 번 메카의 방향으로 절을 하고, 불교에는 법회가 있고, 유교에서는 제사를 지낸다. 고대의 종교의식은 기본적으로 잔치, 또는 만찬으로 표현되므로, 제사를 지낸 후 음복하는 것이나 미사 중에 성체를 모시는 것 또한 현대형으로 변형된, 상징적 의미의 만찬의식이 아닐까? 각 종교가 각자 성장한 문화권에 따라 저마다 종교의식은 서로 다르지만 동일한 초월적 존재를 경외하는 것이니 종교에 옳고 그름이 있을까? 또는 좋고 나쁨이 있을까? 먼 옛날, 과학이 발달하기 전 조상들이 마을 어귀 큰 동수나무 앞에 정화수를 떠놓고 치성을 드리는 것도, 그 나무 자체가 초월적 존재라기보다는 그 나무로 상징되는 어떤 초월적 존재에게 소망을 바랐던 것이 아닐까?

신, 열반, 브라흐만, 도, 하늘 등이 각 문화권에서 초월적 존재를 상징하고 그 초월적 존재에 경외를 표하는 것이 미사, 예배, 카바 순례,

법회, 제사 등으로 나타난다. 추구하는 핵심 사상도 그리스도교에서는 사랑, 불교에서는 자비, 유교에서는 인, 이슬람교에서는 평화와 평등 등이다. 서로 다른 것 같지만 종교의 존재 이유가 우리 영혼의 내세에서의 영생이라면, 살아 생전에 사랑과 자비, 평화와 평등 및 인을 실천하는 것이 결국 서로 상통하는, 비슷한 개념이 아닐까? 가톨릭 사제로서 동국대학교에서 불교학으로 박사학위를 받은 곽 신부도 그의 학위 논문에서 가톨릭의 아가페와 불교의 자비는 서로 배울 점이 있다고 지적하지 않았던가?

이제 나는 마음이 편해졌다. 살아서는 나와 내 가족의 안위와 행복을 바라고 죽어서는 영혼의 영생을 원하는 이기적인 마음으로 성당에 나가면서, 성경 말씀을 그대로 믿지도 않으면서 미사 때마다 "믿습니다"를 외치던 그 불편함을 어느 정도 해소하게 됐다.

"주님의 부활하심을 믿습니까?"

"믿습니다."

이제 이 믿는다는 외침이, 죽은 한 인간의 시신이 글자 그대로 무덤에서 살아나 걸어나와서 산 사람과 똑같이 생활한다는 부활 글자 그대로를 믿는다기보다는, 그가 생전에 설파했던 초월적 존재를 향한 그 가르침이, 육신은 죽었지만 그 영혼의 부활과 함께 그 가르침의 부활로 이해함이 옳지 않을까? 성경에 나오는 각종 기적 이야기나 기타 교리들도 같은 방법으로, 당시의 백성들을 이해시키려 했던 그 의미를 찾아 그것을 믿는 것이 옳지 않을까?

성경은 그것이 씌어진 2000년 전 무렵의 시대 상황을 반영한다. 그 당시의 성경 저자들이 지동설이나 빅뱅이나 우주 팽창 이론이나 진화론이나 빛의 속도나 휴대 전화나 인터넷 등을 알았을 리 없다. 세계 각 문명마다 천지창조 신화와 건국신화가 있다. 그리스로마 신화가 대표적이고 북유럽 신화, 중국 신화와, 신화냐 역사냐 논란이 있지만 환인, 환웅의 우리나라 건국신화도 있다. 이스라엘도 이런 신화들이 있을 것이고 그것이 성경에도 반영되지 않았을까? 성경의 창세기 이야기나 노아의 홍수 이야기 등은 다른 문명의 신화에도 비슷한 내용들이 많이 포함되어 있음을 알 수 있다.

그러니 현 시점에서 성경을 이해할 때에, 성경을 글자 그대로 이해하고 믿기보다는 당시의 시대 상황을 이해하고 그것이 무엇을 의미하는지를 파악하고 현재의 시각으로 그 의미를 이해하고 받아들이는 것이 성경에 대한 바른 해석이 아닐까? 이런 시각은 성경뿐만 아니라, 불교, 힌두교, 이슬람교, 도교, 유교 등 각 종교의 경전들을 이해할 때도 똑같이 적용되어야 하지 않을까? 카렌 암스트롱은 〈신을 위한 변론〉에서 〈고백록〉의 저자 아우구스티누스의 '적응의 원리'를 소개한다. 이 원리는 신이 처음 계시를 받는 사람의 문화적 규범에 맞춰 계시를 했고 이는 당대의 과학에 맞춘 것이므로 재해석되어야 한다는 것이다. 아우구스티누스는 성경의 문자 그대로의 의미가 믿을 만한 과학적 근거와 충돌할 때마다 해석자는 과학적 진실을 존중해야 하며 그렇지 않으면 성경에 대한 불신을 초래할 것이라고 말했다고 한다.

또한 각 종교가 문화권에 따라 사후의 초월적 존재를 향한 의식은 서로 다르다 하더라도 그 정신이 같다면, 다른 종교의 의식에 참석했을 때는 그 종교의 의식도 존중해서 같이 참여함이 좋지 않을까?

편해진 내 마음 속에 이런 생각이 자리잡았다. '종교는 과학을 받아들이고 과학은 종교를 존중하여야 한다.'

종교는 과거 시각의 성경이나 경전에 얽매이지 말고 현대의 과학을 받아들여야 한다. 반 세기 전 교황 비오 12세는 진화론을 받아들였다. 한참 늦었지만 교황 요한바오로 2세는 1992년에 갈릴레오를 사면했다. 그의 사후 약 360년 뒤에. 또한 현대과학도 내세를 다루는 종교를 존중하여야 한다. 모든 사람이 죽음 앞에서 공포를 느끼고 두려워하는데 종교는 내세를 인정함으로써 인류를 죽음의 공포에서 해방시켰다. 그런 내세의 존재 유무를 과학적 증명 없이 부정하는 것은 공리가 아니다. 과학은 내세가 없음을 증명하지 못하는 한 종교를 존중해야 한다.

마음은 편해졌지만 고민은 계속되었다. 그럼 성경 말씀이나 교리들을 어떻게 해석해야 현대적일까? 다른 종교의 경전들은 또 어떻게 해석해야 초월적 존재를 조금이나마 이해할 수 있을까? 각 종교의 공통점을 어디서 어떻게 찾아보아야 할까? 다같이 내세가 있다고 믿는 종교인데, 종교를 통합할 방법은 없을까?

"야, 김박사! 오늘 점심 약속 있냐?"

어느 날, 전 회사 동료인 심용우 대표가 전화를 했다. 나는 석사학위도 없는데 그 친구는 날 항상 박사라 부른다.

"아니. 잘 됐다, 이 쪽으로 오시게."

그래서 둘이서 낮술을 겸해서 점심을 같이 했다.

"얼마 전에, 인터넷에서 봤는데 말이야. 이런 게 있더라고."

같은 가톨릭 신자인 심 대표가 가톨릭대학의 통신교리신학대학원 얘기를 꺼냈다. 가톨릭 교리는 배우고 싶은데 시간은 부족한 사람들을 위한 통신교육이란다. 3년 과정의 통신교육 커리큘럼은 신학생들이 공부하는 것과 같은 내용을 축약한 것이란다. 이제 막, 오랜 시간에 걸친 과학과 종교에 대한 고민을 끝내고 각 종교를 통합할 방법을 고민하던 중에 반가운 소리를 들은 것이다.

"아, 그거 너무 좋다. 우리 같이 할래?"

"사실은 나도 말이야. 나 혼자 하기보다는 누구하고 같이 하고 싶어서 한 얘기야."

"불교도 통신교육이 있으면 좋겠는데."

"있을 거야. 인터넷 찾아 봐."

그래서 그 다음 날로 바로 입학 절차를 밟았다. 부모님의 선택으로 평생을 가톨릭 신자로 살았지만 초중고 시절의 교리시간 말고는 체계적으로 가톨릭 교리를 공부한 적이 없다. 이제 본격적인 공부가 필요하다. 가톨릭 교리 외에도 이슬람교, 불교, 힌두교 등의 교리도 공부할 필요가 있다. 이 세상 종교는 사랑이나 자비, 인 등 같은 진리를 다른 방법으로 가르치니까. 그래서 종교를 통합하고, 나중에는 종교와 과학도 하나로 통합하는 방법은 없을까?

가장 위대한
자연의
선물

발행일 2012년 7월 31일

지은이 김유수
펴낸이 최경애
펴낸곳 도서출판 자연과 사람
홈페이지 www.nature-human.kr
편집디자인 안소라

주소 서울시 서초구 서초동 1338-21 코리아비즈니스센터 1805호
전화 02-3487-9557
팩스 02-2632-9526

정가 12,000원

ISBN 978-89-969197-0-4 03800

*이 책의 일부 혹은 전체 내용을 자연과 사람의 허락 없이 복사·전재하는 것은 저작권법에 저촉됩니다.
*저자와의 협의에 의해 인지를 생략합니다
*파본 및 낙장본은 교환하여 드립니다.